大学生职业素养提升与
职业生涯规划

李　鹤　著

中国原子能出版社

图书在版编目（CIP）数据

大学生职业素养提升与职业生涯规划 / 李鹤著 . —
北京：中国原子能出版社 , 2020.10 （2023.4重印）
　　ISBN 978-7-5221-1082-0

　　Ⅰ . ①大… Ⅱ . ①李… Ⅲ . ①大学生－职业选择
Ⅳ . ①G647.38

　　中国版本图书馆 CIP 数据核字（2020）第 212796 号

大学生职业素养提升与职业生涯规划

出版发行	中国原子能出版社（北京市海淀区阜成路 43 号　　100048）
责任编辑	杨晓宇
责任印制	赵　明
印　　刷	河北文盛印刷有限公司
经　　销	全国新华书店
开　　本	787 毫米 ×1092 毫米　　　　1/16
印　　张	11.25
字　　数	202 千字
版　　次	2020 年 10 月第 1 版
印　　次	2023 年 4 月第 2 次印刷
标准书号	ISBN 978-7-5221-1082-0
定　　价	45.00 元

网址：http//www.aep.com.cn　　　　E-mail：atomep123@126.com
发行电话：010-68452845　　　　　　版权所有　翻印必究

前　言

对于大学生来讲，从入学伊始即围绕生涯发展来设计自己的大学生活，是一种学业智慧。即在接受通识教育和专业教育的过程中，寻找到自己的目标和所长，进而更好地自主学习，扬长避短，不断积累，优化人生，最终形成生涯的核心竞争力。且每一个大学生都要面临从学生向职业人的转变。转变过程中的首要条件是必须具备职业素养。

职业素养开发与职业生涯规划是大学生充分认识自身潜能、合理利用大学时间、胜任未来职业发展的基础。本书以大学生职业素养开发为主题，以职业生涯规划为主线，以大学生职业生涯规划与设计为主体，融合理论引导、方法训练、案例分析，为大学生提供人生发展的路标。本书通过对大学生职业生涯规划问题的分析，从大学生自我评估、大学生职业认知与职业决策、大学生职业目标的实施策略等方面，为大学生有效进行职业生涯规划与设计提供理性分析与参照，对大学生涯如何规划进行了富有操作性、实用性的具体阐释。

本书共分为五个章节，第一章为大学生职业素养概述，分别从大学生职业素养的内涵、构成、现状、意义四个方面展开论述。第二章为大学生职业素养提升策略，重点围绕大学生职业素养提升之责任意识、诚信品质、团队精神、服务理念四个方面的内容展开论述。第三章为大学生职场基本能力训练，依次介绍了大学生职场礼仪形象规范训练、大学生职场表达沟通能力训练、大学生职场人际交往能力训练、大学生职场时间管理能力训练等内容。第四章为大学生职业生涯规划概述，分别从大学生职业生涯规划的基本理论、一般原则、具体步骤、常见问题四个方面入手展开论述，以期对大学生职业生涯规划相关问题做出科学解读。第五章为大学生自我认知与职业选择，主要介绍了大学生的性格特征与职业选择、大学生的兴趣能力与职业选择、大学生的价值取向与职业选择、大学生的职业认知与职业决策四个方面的内容

在撰写本书的过程中，作者参考了大量的相关学术文献，并得到了许

多专家学者的帮助，在此表示真诚感谢。本书内容系统全面，论述条理清晰、深入浅出。但由于作者水平有限，书中难免有疏漏之处，希望广大读者批评指正。

作者
2020年4月

目　录

第一章　大学生职业素养概述

本章内容将介绍大学生职业素养的概念和内涵，并详细阐述大学生职业素养所包含的内容；此外，对目前国内大学生的职业素养进行评估与概括，并阐明培养大学生的职业素养对大学生个人以及社会的重要意义。通过上述内容，读者可以对大学生职业素养这一问题形成初步的认识和理解，并引起足够的重视。

第一节　大学生职业素养的内涵

近年来，大学毕业生的就业已经成为比较重要的社会问题。其一，已经毕业的大学生面对不断加增的就业压力，经常会因为找不到落脚之处而犯难；其二，有相当多的企业和用人单位常常徘徊于各个行业的招聘市场，却时常难以找到合适的人才。此现象的发生往往与学生个人的职业素养几乎很难达到企业的要求相关。可见，进行高等教育的其中一个目的就是要满足社会的需要。既然社会对于有着比较高职业素养的毕业生有很大的需求，那么，对于大学生职业素养的培养应当成为高校教育的一个重要目标。

一、何为职业

（一）职业的概念

职业是人类社会分工的结果。随着社会的进步、生产力的发展，社会分工越来越精细，职业的类别、内部构成和外部关系也随之越来越丰富。对职业的含义，人们有着不同的看法和认识。

从词义学的角度解释，构成"职业"一词的"职"字，有"社会责任""天职""权利与义务"的含义；而"业"这个字，包含着业务、事业、事情、独特性工作的意思（有的学者用"职是责任、业是业务"来反映"职业"一词的内涵）。《现代汉语词典》将职业定义为"个人在社会中所从事的作为主要生活来源的工作"。

简而言之，所谓的职业，指的是人们去做一些比较稳定的、有固定的收入、有具体类别的工作。也可以说，职业是人们加入到社会分工，通过使用专门的知识和技能去创造物质财富和精神财富，并获得相应报酬来供应个人的物质生活和精神生活的重要方式。

职业的构成因素主要有：① 作为一种有着鲜明职业符号特征的职业名称；② 工作所涉及对象和内容；③ 胜任所做工作应具备的能力和资质；④ 通过所做的工作获取的报酬；⑤ 以个人工作作为始发点与别的一些社会部门或社会人士所建立的关系；⑥ 工作环境与工作条件。

从职业的定义来看，职业至少具有以下四个方面的含义。

（1）职业与个人生活紧密相关

通过一定的职业，人们在为社会创造物质财富和精神财富的同时获得合理报酬，既体现了对职业工作的肯定，又基本保障了个人物质生活。同时，在职业工作中获取的成就感、知识与技能的提升以及更为广泛的社会联系，也为个人的精神生活提供了更大的满足。

（2）职业是社会分工的产物

职业与人类的需求和社会经济结构相关，需要社会分工。因为没有社会分工，职业也就失去了意义。

（3）知识和技能是职业的内在属性

职业的定义强调从事职业的个体必须具备相应的知识、技能与态度。可以认为，作为职业内在属性的知识和技能的差别，决定了不同职业之间的边界。

（4）职业是一个与社会伦理相关的概念

职业体现了个人对社会的责任和个人自身发展的双重要求。通过职业的工作，个人为社会创造物质财富和精神财富，同时实现自身的发展，这两者是相辅相成、不可或缺的。在计划经济时期，曾经割裂两者之间的联系，片面强调职业的社会责任，忽略了职业对个人发展的意义。在社会主义市场经济的今天，必须全面理解职业对社会进步和个人发展的作用。

还应当指出，"职业"与"就业"这两个词的含义比较接近，但职业一词更偏重于社会意义，偏重于个人和人生。就业一词则更偏重经济意义，偏重于体制和制度。就业主要是指有劳动能力的人参加某种有报酬或收入的社会劳动的社会经济行为。它包括以下三层含义：第一，参加劳动的人既要具有劳动能力，又要有劳动的愿望；第二，参加的劳动必须是社会性劳动，而不是家庭劳动；第三，这种劳动必须是有报酬或有收入的劳动，而不是无收入、无报酬的公益劳动或义务劳动。这是经济学视野下的定义。对于大学生而言，就业不仅仅是经济学问题，更是教育学问题。教育学关注的是如何为大学生就业做好准备，如何让大学生获得理想的职业。也就是说，大学生就业是一个人接受高等教育，通过认识自己和认识职业，选择一个职业并开始建立和维持自己的职业生涯的过程。

（二）职业的特点

如前所述，职业是从业人员为获取主要生活来源而从事的社会性的工作类别。通过对职业范畴的进一步分析，可以看出它具有以下特点。

（1）经济性

劳动者从事某种职业必定要从中取得经济收入。没有经济报酬的工作，即使其劳动活动较为稳定，也非职业。职业给从业者解决了生活的经济来源问题，能满足从业者的需求，是个体持续发展的条件。

当然，职业不仅能满足从业者的物质需要，也能满足从业者的精神需要。从事职业工作所产生的成就感、自豪感、兴趣感等本身就是一种精神满足，而所带来的社会地位、人际感情关系等都能使人获得精神上的满足。同时，根据马斯洛的需要层次理论，物质需要的满足也是精神需要满足的重要基础，正所谓"仓廪实而知礼节，衣食足而知荣辱"。

（2）社会性

职业必须为社会所需要才能得以存在，它能为社会创造物质财富与精神财富，具有一定的社会价值。同时，职业可看作从业者在社会分工体系中进行的一种社会生产或服务劳动，是一种从业者与其他社会成员相互关联、相互服务的社会活动。

（3）稳定性和持续性

从社会的角度看，职业在一定的历史时期内形成，并且具有较长的生命周期。从劳动者的角度看，职业应当是一项持续性的活动，是劳动者较为稳定、长期地从事的某一项社会分工工作；相反，偶尔的、短暂的活动不能称之为职业。当然，劳动者也会根据技术的变化或个人尝试不同工作的愿望而一次或多次地改变自己所从事的职业。

（4）时代性

虽然职业具有相对稳定性，但职业还具有一定的时代性。也就是说，职业会随着不同时代的社会环境、技术环境、经济环境等方面的变化而变化，一些新的职业会随着时代需要应运而生，同时原有的某些职业也会逐渐从社会生活当中消失。这实际上是由于职业的社会需要发生变化导致的。另外，由于社会价值观、就业市场、社会环境等各种因素的影响，职业声望在不同时代也会发生变化。例如，"文革"期间，知识分子被视为"臭老九"，受到鄙视；粉碎"四人帮"以后，大家都追求上大学，当工程师、科学家；改革开放以来，人们转而看重第三产业的职业；现在不少青年人又对技术工人产生了一定兴趣，觉得学一门好手艺比一张文凭更有实际价值，比如沿海地区的一些技术工人的收入甚至超过了硕士、博士。

（5）同一性

在同一类别的职业内部，劳动条件、工作对象、生产工具、操作内容、人际关系等方面较为相似或相同，从事同一类别工作的人容易形成共同的行为模式、共同的认知。

职业的这种同一性，还会给人们打上社会印记，产生一种"晕轮效应"，使人们根据某一职业的人群特性去认识其从业者，如人们普遍认为军人严谨、诗人浪漫、农民朴实等。

（6）差异性

与职业的同一性相对，在不同职业之间，又可能有着巨大的差异。这些差异包括职业劳动的内容、职业的社会心理、从业者个人的行为模式等。从职业生涯规划的角度来看，尤其要关注不同职业在职业素质方面的不同要求，正如俗话所说的"隔行如隔山"。职业的这种差异性导致了从业者在职业转换中的矛盾与困难。但是，在不同的职业之间，职业的差异性大小是有所不同的，不同职业之间也会存在一定的联系（如职业发展先后的承接关系）。大学生在设计职业生涯发展路径时，可以考虑在差异性较小的职业间进行转换，拓宽自己的职业发展方向。

二、职业素养的内涵

（一）职业素养的概念

身处职场当中，有的人经常是满怀激情、快乐地去工作；而另外的一些人有着丰富的职场经验、过硬的专业能力，却在求职的道路上屡屡受到打击；有的人在职场中常常得不到升职，也无法获取高薪；有的人在工作中所做的事，总是无法让老板满意；有的人工作多年，却迟迟无法确定自己的目标和方向；有的人对于工作时常缺乏成就感，经常会厌倦自己手头的工作；有的人会不断地跳槽找工作，却找不到工作的感觉。以上所说的是在职场中出现的各类现象，造成这些现象的原因是什么呢？

仔细想想，背后的原因有不少，若借用一个词来进行概括的话，是因为"职业素养"的差异。吴甘霖通过自己所写的《一生成就看职商》来回顾自己从职场的失利者直到一步步走向成功的历程，并对比尔·盖茨、李嘉诚、牛根生等人的成功案例进行整理和总结，在对众多的职场人士成功案例和失败案例进行分析的过程中，总结出了一个独特的理念：个人的能力和所学的专业知识确实很重要，只是想要在职场中取得成功，能力和专业知识并不是最核心的部分，关键在于个人所具备的职业素养。也就是职场中取得成功的关键所在——职商。日常的工作确实需要一定的知识作为支撑，但更为需要的是智慧，而且最终起到决定性的关键因素是素养。如果缺乏关键的素养，那么意味着这个人将碌碌无为地度过一生，与成功没什么关系，而一旦拥有职场的素养，就不需要走太多的弯路，将会很快取得成功。

简单来看的话，所谓的职业素养，指的是从业人员为要顺利完成特定的职业活动时应当拥有的综合素质。它不但是指某个职位的从事者所应当具备的基本素质，而且还指那些能够在职场上取得卓越成就所具备的素质或胜任的特点。若是给职业素养确定一个比较科学的定义，那么职业素养指的是劳动者以特定的生理条件和心理条件作为基础，透过教育、劳动实践、自我修养等方式一步步发展起来，并可以在各自相应的职业活动中发挥出一定作用的内在的品质和要素。

各类性质不同的企业（或组织）甚至是各类的职业岗位，在职业素养方面对就业者就会有相应的要求，经常是在具体的工作实践中，就业者才能真正体会到企业对素质的要求。只是，除了对于企业文化、技能以及专业知识的要求以外。还有很多的用人单位对于员工还会有其他的要求。

职业素养，指的是从事的职业内部涉及的各样规范和要求，也是从事专业工作过程中凸显出来的综合素质，具体的包含职业技能、职业道德、职业作风和职业意识等方面。简单来说，职业素养指的是职业人士在所从事的工作中尽自己所能地去做好工作时所具备的素质和能力，它不是以做完一件事后带来的效益和影响力作为衡量标准的，而是把所做的事与工作目标之间的关系作为衡量标准。更多的工作时间里，测试一个职业人士成熟度的重要指标是良好的职业素养。

通常来说，一个人在就业过程中能否取得成功的关键在于职业素养的高低。一个人，具备的职业素养越高，他取得成功的概率就会越大。从大学生的视角来看，真正使得我们顺利就业并胜任工作的前提是职业素养，是我们职场得胜、事业成功的首要保证；而从用人单位的视角来看，选聘人才过程中首要考虑的是职业素养。

对于大学生职业素养产生影响和制约的主要因素有：受教程度、工作经历以及社会环境等各样基本情况（比如身体情况等）。大学生职业素养是一个宏大的概念，处于首要位置的是专业，但是除专业以外，必须要有的是敬业和道德，而这些在职场上的能体现出来的就是大学生职业素养；在生活中体现出来的就是个人素养和道德修养。

（二）职业素养的特征

职业素养的特征共有五个。

1. 职业性

由于职业的不同，会有着不同的职业素养。对于建筑工人所设定的素养要求，与护士的素养要求是不一样的；同样的，对于商业服务人员所设定的素养要求，与教师职业的素养要求是不一样的。作为一名优秀售票员的李素丽，她的职业素养始终要与她自身的职业相联系。正如她亲口所说："如果我能把10米车厢、3尺票台当成为人民服务的岗位，实实在在地为社会做贡献，我就能在服务中融入真情，为社会增添一份美好。即便有时自己有点烦心事，只要一上车，一见到乘客，就不烦了。"

2. 稳定性

个人的职业素养往往是在自己所从事的工作中长期积累后的结果。素养一旦形成以后，就会以相对稳定的状态长存下去。比如说教师，往往要经过三到五年的教学实践，才会慢慢形成如何备课、如何讲课、如何去爱自己的学生、如何为人师表等各类的职业素养。因此，就需要保持相对的稳定性，当然，伴随着不断的学习，在工作和环境的双重影响下，此类素养还可以持续提高。

3. 内在性

在长时间的职场工作中，就业者经过自学、认识以及切实的体验，可以对自己的工作情况进行准确的判断。正因为如此，有意识地对于心理品质进行内化、积淀和升华，才是职业素养真正的内核。生活中我们时常会说："张师傅去做这事，他还是有把握的，放心！"人们之所以会对他放心，根本原因他有良好的内在素养。

4. 整体性

与从业人员职业素养密切相关的是他们的整体素养。当我们评价某某同志有着良好的职业素养，指的不单单是他在思想政治方面的素养，还有他在科学文化方面的素养、专业技能方面的素养，还包括身体素养和心理素养。因此，整体性正是职业素养的重要特点。

5. 发展性

个人的素养往往是通过教育、个人的社会实践以及社会中的影响等一步一步形成的，相对性和稳定性是他的主要特征。只不过，为了更好地满足、适应以及促进社会的发展，要持续提升自己的素养，因此，素养有着一定的发展性。

第二节 大学生职业素养的构成

一、职业素养理论

（一）"素质冰山"理论

通过"素质冰山"理论来看，个人的素质就像是漂浮在水中的一座冰山，处于水面上知识和技能部分代表的仅仅是表层的特征，无法对于绩效的优劣进行区分；而水下部分包括的动机、特质、态度、责任心等才是对于人的行为起到决定性作用的关键所在，从而鉴别出优秀的绩效者和一般的绩效者。

可以尝试把大学生的职业素养比喻成一座冰山：浮在水面以上的只占其中的1/8，主要是以大学生的形象、资质、知识、职业行为与技能等方面为代表，表示那些可以直接看得到的职业素养，这些往往可以通过各类的学历证书和职业证书再加以佐证。隐藏在水面以下的部分占整体的7/8，代表的是大学生的职业意识、职业道德、职业作风和职业素养等方面，属于无法看见的、隐性的职业素养。大学生应当具备的所有职业素养主要由显性职业素养和隐形职业素养组成。由此可以看出，大部分的职业素养是人们所看不到部分，不过也正是这7/8的隐性职业素养成为显性职业素养的重要支撑，同时它也是隐性职业素养的外在表现。所以，要想对大学生职业素养进行全面的培养就需要从整个"冰山"着手，把显性职业素养的培养作为基础，更注重对隐性职业素养进行培养。

众多的企业和个人把培养显性的职业素养看得极为重要，比如对于职业技能的培训等，这些培训的效果可以很快地体现出来。但他们却时常容易忽略对于隐性职业素养的培训，会把职业意识、职业道德以及职业态度等方面的培训给忽视掉，所以也就很难使得企业和个人的核心竞争力得以提升。要想培养全方位的职业素养，首先就需要进行"破冰"，要挖掘出潜藏在大学生头脑中的意识和态度，把位于"冰山"以上水面上部分与水面下的部分进行协同，使得7/8水下部分的核心作用得以充分的发挥。只有对大学生隐性职业素养的培训来加以重视，才能更好地提高培养大学生显性素养的效果。

（二）"大树"理论

"大树理论"：一棵树的根系主要包括职业道德、职业意识和职业行为习惯，而树的枝干和叶子是职业技能，一棵树要想成长为枝繁叶茂就需要先建立发达的根系。往往通过学习、培训以及实践来获得相应的职业技能。虽然，对于企业和个人来说，职业技能有着很重要的作用。不过与这些相比，企业更为看中的是员工自身的职业素养，唯有那些有着良好职业素养的员工才能更好地发展自我，来为企业发展供应持续的源动力。

1. 成为一棵大树的第一个条件：时间

没有哪棵大树是在树苗种下后瞬间成为一棵参天大树，必须得经过岁月的刻画，使其年轮一圈一圈地向外成长。

启示：要想成功，一定要给自己时间。时间就是体验的积累和延伸。

2. 成为一棵大树的第二个条件：不动

不存在一棵大树，种下的第一年在这里，种下的第二年在那里。要想成为一棵大树，就一定要经历千百年的风霜雨雪，仍岿然不动。在经历过无数次的风霜雪雨之后，最终成长为一棵参天大树。

启示：要想成功，一定要"任你风吹雨打，我自岿然不动"，坚守信念、专注内功，终成正果！

3. 成为一棵大树的第三个条件：根基

树有着千百万条的根，主要有粗根、细根和微根，它们隐藏在地底下，一直忙着不断地吸收营养，使自己得以成长。绝对不存在没有根的大树。

启示：要想成功，一定要不断学习。不断充实自己，自己扎好根，事业才能常青。

4.成为一棵大树的第四个条件：向上长

根本不存在一棵向着旁边成长的大树，不断地长胖却一直不往高处成长；一定先把主干给长出来，然后再慢慢地长出细枝，之后就不断地往上成长。

启示：要想成功，一定要向上。不断向上才会有更大的空间。

5.成为一棵大树的第五个条件：向阳光

不存在一棵向着黑暗成长的大树，一直远离光明。阳光，是树木得以成长的希望，大树深知自己一定要争取到更多的阳光，才会有长高的希望。

启示：要想成功，一定要树立一个正确的目标，并为之努力奋斗，愿望才有可能变成现实。

二、职业素养的基础

（一）自我效能

1.自我效能的内涵

你的能力永远无法超越你可以想象、并相信自己可以拥有的能力。因此，改变你的能力的第一步就是要让自己内心有所超越。

日常中，我们不经意间受到环境和他人评价的影响，而把自己进行归类。比如"考这么多分数就是我的能力了""我就知道我无法完成这个任务"。每个人都不经意间进入自己设定的舒适区。在这个舒适区里，每个人过着习惯的生活，似乎生活与生命本该如此。但问题是，一旦人们被归入相应的"类"（舒适区），他们就停在那里不动了。人们被归为"是什么"而不是"能够成为什么"。但大家清楚，人之所以不仅仅"是什么"，而还可以"能够成为什么"，正是人之所以是人的根源。如果海伦·凯勒给自己的选择是"失聪""失明"，那么也许就只是一个盲人、一个聋人而已。因此，改变的第一步就是给自己一个新的定位，在把自己放入某个类别的同时，想想还有没有其他的可能性。自我效能的提升，就是使人可以有勇气进入另外一个更能发挥潜力类别的过程。

最早提出自我效能概念的是班杜拉，在他看来自我效能主要由两个部分构成，也就是结果预期和效能预期。结果预期指的是个人对于个人行为有可能产生的后果进行推测；而效能预期指的是个人对于自己所发出的某种行为所能进行的主观判断。

自我效能也标志着，对于人们从自身所产生的有着一定水平、可以对自己生活的行为能力产生影响的信念。自我效能的信念对于人们有怎样的感受、怎样去思考、怎样进行自我激励起着决定性作用。自我效能对于个人对自己能力的判定起着决定性作用，适当的、积极的自我效能可以让人觉得自己有承担任务的能力，从而产生积极的、上进的工作态度；而过低的自我效能只会让人觉得自己能力较差，难以胜任手头的工作，那么他就会对工作产生消极回避的想法，就会使得积极性严重缩水。

有个幼儿园的小朋友特别想吃蛋糕，但是家里太穷吃不起。有一次班上一个同学生日，家长买了个大蛋糕全班分享。这个小朋友很高兴，终于有机会吃到蛋糕了。但是她又在心里告诉自己，我家里这么穷哪有可能吃到这么好的东西啊。带着这个想法，她在排队领蛋糕的时候，就不由自主地往后退，当轮到她时果然蛋糕分完了。于是她就告诉自己：看吧，我就是没有资格吃到蛋糕。

面对一项任务时，人会无意识地产生自我效能感，也会立即自动评估自己有没有能力完成这项任务，也就是我们常说的自信心，在这个基础上产生情绪反应，并会以一种积极或消极的思维去思考问题并对行动的结果进行预测。

一个理性的人自然会回避超出自己能力范围的任务，而更愿意选择自己认为可以胜任的事情。自我效能高的人会积极地尝试各种活动，通过实践使个人的能力得到不断的提升。相反，自我效能低的人则避免挑战性的任务（也有可能是故意避免树立一个过高的目标，最终达不成而免于自尊受损），最终也会丧失许多潜能开发的机会。

所以，自我效能对人行为的影响主要包括：① 对于人们活动的选择以及活动的持守起到决定性作用；② 对于人在直面困难时的态度产生一定的影响；③ 对于新行为的获得即习得行为的表现有着一定的影响；④ 对于活动时的情绪有一定的影响。

班杜拉等人通过一定的研究指出，对于自我效能感产生影响的因素主要有以下几点。

（1）行为的成败经验

行为的成败经验对自我效能的形成产生最大影响的是行为的成败经验。个人对于自身能力的认识往往通过亲身经历来获取，唯有靠着自身经历得到的认识才是最靠谱的，因此它也作为自我效能最为给力的信息源。其中取得成功的经验对于自我效能感是一种提升，使个人对自我能力充满信心，并借助自身的勇气去完成难度更大的挑战。相反，经历过多次的失败后对自身能力的评估会降低，使人失去信心。对于自我效能的形成产生影响的因素主要有：任务的难易度、个人的努力程度，来自外界援助的多少也会对自我效能的形成产生影响。如果任务本身有一定难度、外援数目比较少且自身能力还不够。这个时候取得的成功会使自我效能感得以增高，纵然是失败也不会让它降低。若任务本身比较简单、外援们费了很大的力气，即使获得了成功也不会使自我效能感增强，但是如果失败了就会削弱自我效能感。从这个意义看，"成功"更多时候是"成功"之母，而"失败"更多时候是"失败"之母。

（2）替代性经验

在大学里，学生考英语四、六级都是批量通过或者不通过。这一方面有学习氛围的影响，另外一个因素就是替代经验，即指个体能够通过观察他人的行为获得关于自我效能的认识。比如眼见与自己水平相当的同学都纷纷落马，对自己考过的信心就会大大降低。

替代性经验，是一种通过观察他人示范等行为而获取的经验，对于自我效能的产生有着极其深远的影响。当通过观看或想象把一个跟自己能力比较接近的人来作为示范者时，虽付出很大的努力却以失败告终，他的自我效能感就会降低，并觉得自己几乎不可能成功，因此他所付出的努力也不会很多。

（3）言语劝说

所谓言语的劝说，指的是对于周围人所进行的说服、告诫、建议和自我的规劝。借助于言语的劝说，用来说服别人来相信自己所有的能力，对于行动的目标加以确立，主动去做一些从来没做过的事情。经过劝说形式获取的自我效能感，在面对各样困境时很容易消失。言语劝说的效果主要是依靠劝说者本人的声望、地位、专长及内容的可信性。进行自我规劝或教导会让人在特定任务中需要更多的付出以及更大、更持久的努力。

（4）情绪的唤起

在班杜拉看来，影响自我效能形成的要素有情绪状态和生理状态。比如，一个人完成6层楼的爬升后会感到胸闷气短，随之他就会产生体力方面的无力感。在个人心理层面上，越是焦虑的人越容易轻看自己的能力，加上烦恼和疲劳就会使人觉得难以担当所承担的任务。当人们处于一个极度恐惧、焦虑状态时，就会形成一个恶性循环：心里很紧张、浑身颤抖加剧恐惧感，无能感持续加强。

（5）情境条件

由于环境的不同，人所能接收到的信息也会不太一样，相比于其他情境，某些情境会让人更加难以适应与控制。当个人身处一个完全陌生且容易让人焦虑的环境中时，会使自我效能水平降低。比如，有的人有着很好的理科成绩，那么当他进行数理化学习时，就会是一个自我效能不断加强的过程。但若是让他进行一些不是很擅长的文史哲类的学习，就可能会使他的自我效能水平难以提高。

2. 提升自我效能

把影响自我效能的因素作为依据，来展开一系列针对性的应对措施。

（1）开始成功

或许，大家对于"失败乃成功之母"这句话非常相信，但回归现实生活中，却是更多的"失败"之母生出来的依然是"失败"的孩子，反而真正的成功是由"成功"生出来的。依照自我效能理论，你如今所获取的成功是由于你之前取得的众多次的"小成功"。人的外在行为常常通过生命中成功的经历作为顶梁柱，而非失败。

每当嗑瓜子时你是否考虑过，当时拿起第一颗瓜子时很容易，之后就会陆陆续续地拿起第二颗、第三颗……一直难以停下。这是由于在吃瓜子的时候，你需要做的事只需付出极少的努力，但每当拨开一颗瓜子后就能第一时间享受到美味，而且还会有一堆瓜子皮作为个人的"成就感"。

其实人的行动就是在这一系列的结果强化中越来越完备、越来越丰富的。试想，如果你吃瓜子，第一颗是坏的、第二颗也是坏的、第三颗也是，你还会再吃第四颗吗？再想想你为什么每次在餐馆用餐后都要兴致勃勃地索要发票，也许只是因为你或者你的朋友曾经刮过奖；为什么有那么多人买彩票（2008年以"彩票"为关键字的搜索排名第一）？因此，为了使未来有更多成功，现在就开始做些可以成功的事情。

（2）提升外在形象

情绪状态可以反过来影响自我效能状态。因为自我的自信心和动力，所以你会走得很快。只不过，也可能是由于你走路的速度很快，从而使自我效能感得以加强。只有当你每天都是一个"成功的样子"时，此时的成功才会慢慢地靠近你。

（3）与成功者为伍

在替代性经验里可以看到，相似群体的示范作用是非常大的。如果你发现同宿舍的几个人整天不务正业，因此英语四级都通不过，也许你通过英语四级的可能性也会比较小。那么，如果你想改变，也许寻找一个可以模仿、具有积极示范价值的朋友圈是一个好方法。

当看到别人成功时，个人内在的动力也会激发出来。这样就可以知道，原来许多事情只是自己给自己加上的框架与局限。

当然，这绝不是说立即与不求上进的舍友割袍断义，而应主动去给自己寻找积极的榜样。这样你也许会成为宿舍里其他同学的榜样，开始一个自我效能提升的良性循环。

（4）寻求老师和专家的支持

追溯成功者的历程，在他们的道路上都有几个导师给过他们精神支柱。在纽约一个声名狼藉的大沙头贫民窟中，一个名为罗杰·罗尔斯的婴孩出生了，这是个环境极其恶劣且充满暴力的地方，更是一个有着大量偷渡者和流浪汉的聚集地。出生在这里的孩子从小看到的都是逃学、打架、偷窃，甚至是吸毒，长大之后他们很难找到一份体面的工作。当罗尔斯身处在这样一个只能带给他负面影响的环境中，若没有意外的发生，结局注定将会是悲惨的。然而罗杰·罗尔斯最终成为纽约州的第53任州长，也是整个纽约历史的首位黑人州长。

面对记者对于他成功历史的深入挖掘，罗尔斯对于个人的奋斗历程缄默不言，单单说出了一个极为陌生的名字——皮尔·保罗。皮尔·保罗于1961年正式被聘为诺比塔小学的董事，还兼任校长一职。当时正处于美国流行嬉皮士的时代，当他抵达大沙头的诺比塔小学时，就发现成长于这个地方的穷孩子比那些"迷惘的一代"更要悠闲自得，他们不愿学习，还经常旷课、斗殴，甚至还会把教师里的黑板给砸烂。为了引导他们学习，皮尔·保罗曾尝试过很多办法，可最终有效果的却没有一个。而后他发现大多数的孩子们都比较迷信，于是他在给孩子上课的过程中增加了一个新内容——给学生们看手相，通过这种方式来鼓励学生。当罗尔斯伸出小手一步步走到讲台时，皮尔·保罗对他说："看到你修长的小拇指我就知道，未来的你将会是纽约州的州长。"听完这句话的罗尔斯大惊失色，因为从小到大，唯有自己的奶奶曾鼓励自己说他将来会成为带领很多只小船的船长。而这一次，皮尔·保罗竟然说他未来要成为纽约州的州长，大大出乎他的意料。他默默地记下了这句话，并且一直坚信它。正是从那天开始，"纽约州州长"成为他内心的一个目标，他的衣服上不再是被泥土所沾满，说话的时候也不再夹带污言秽语，走路的时候尝试挺直腰杆去走，在往后40多年时间里，他每天都会以州长的身份来约束自我。直到51岁那年，他得以真正成为纽约州州长。在他个人的演讲稿中，有这么几句话："信念值多少钱？信念是不值钱的，它有时是一个善意的欺骗，然而你一旦坚持下去，它就会迅速升值。"

而这些正是通过精神力量所带来的自我效能的一种提升，以及通过这些实现自身的价值。所以，选择主动地去导师、长者、成功者那里寻求忠告和提点，或许会为你带来一个全新的成长机遇。

（5）保持充沛的精力

如果你三天两头感冒，也许你将很难有底气地说自己可以如何如何。因此有效健康管理，以一个良好的身体状态来处理事情，也是获得有效自我效能提升的一个策略。对此，需要管理好自己的身体健康。

（6）模拟考试

使用意念想象法，在头脑中模拟各种可能性，从而使自己进入一种最佳的心理准备状态。有时人之所以对做某些事有胆怯，正是因为对环境、条件、可能性都不太熟悉。人在不熟悉的环境里，也会缺乏有效的自我控制感，这些都难以使人获得充分的信心与成功勇气。

比如现在让你立即面对500人做个演讲，也许你会紧张得不行、会语无伦次。但如果之前，让你做充分的准备——你已经把演讲稿背诵得烂熟、你已经在头脑中想象着演讲了无数遍、你已经对着宿舍的同学试讲过许多遍——也许你就不会再那么紧张。

（二）心态调整

1. 非理性心态

一天晚上，一个推销员开着车在一条漆黑的马路上行使，忽然，一个车胎爆了，但他却没带重要的工具——千斤顶。正在这时，他看到附近的一家农舍依然亮着灯，于是就往那个方向前行，但他的脑子里却是思绪万千：如果没有人来开门的话……如果他们家也没有千斤顶的话……若农舍的主人有千斤顶但却不愿借给我……

想到这些，让他瞬间怒气填胸，当门打开的那一刻，他却带着满脸的愤怒，大声吼道："留着你的破烂千斤顶吧！"最终这个农夫来回了一句："神经病！"后就迅速关上了门。

然后呢，这个推销员会对自己说：看看吧，我早知道那家伙是这样的德性，他有千斤顶也不会借我的。是的，这个时刻他的"预言"实现了，但他会为自己预言实现而高兴吗？史蒂芬·柯维指出："挫折是预期的一个函数。"经常是你的预期使你"看到"了证据，然后证明了你行为的合理性。

这种消极的自我暗示犹如内心多了一位批评者——他"智慧"地发现你身上的缺点和不足、否定你做出的成绩、蒙蔽你看到积极因素的视角、阻止你采取进一步的行动，他最终让你停留在原地、错过机会，然后告诉你"看到了吧，你是不会成功的"。——但实际上，你根本就没有尝试，或者以一种"准备"失败的方式在努力，就像那位"拒绝"千斤顶的推销员。

学习心态的调整，正是帮你意识到这些消极的自我暗示，用积极的自我暗示代替消极负面的自我暗示，从内在开始使自己改变。当你有了积极的自我暗示，你可以提高做事的兴趣和学习能力，当然结果就是好成绩、好工作啦。

其实，当一个人开始消极思考的时候，也是在消耗珍贵的脑力，而如果这些脑力与时间能够用在积极的自我暗示上，并采取一些行动，相信一定会有不一样的结果。

2. 分析自己的非理性预言

其实每个人头脑中都有许多消极的预言，而且许多时候这种预言在事后被"实现"时，人们往往并不认为其原因是自己，而归咎为事实就该如此。有些人头脑中充满这样的预言，于是他所面临的人生可能就是失败的。那么，你头脑中有多少这种消极预言，可以用表1-1-1的自测来衡量。

表1-1-1　消极语言自测表

情绪描述	完全同意	基本同意	无所谓	有些不同意	完全不同意
1.我觉得他人绝对不该做那些让我感到不快的事情。					
2.我对将来的事情不应过分担忧，一切顺其自然。					
3.只要我有愿望并付出努力，我就能在任何环境下生活得愉快。					
4.我觉得现代人应勇于承担责任。					
5.别人不按自己吩咐的去做或不满足自己的要求，都是无法忍受的。					
6.我认为生活是相当轻松自在的。					
7.我觉得我不能掌握自己的命运。					
8.只有自己才能真正理解和面对自己的问题。					

续表

情绪描述	完全同意	基本同意	无所谓	有些不同意	完全不同意
9. 对于我想得到的东西，我只是力所能及地去争取，而不为得失而焦虑。					
10. 只有当任何事都处于有序状态时，我才会觉得舒畅。					
11. 没有任何事会使我觉得无法忍受。					
12. 我要强烈地依赖着几个人才感到心里踏实。					
13. 事事成功，对我来说是非常重要的。					
14. 我认为生活中充满了不便和挫折。					
15. 一旦某事曾强烈地影响了我的生活，它就会对我的生活永远起作用。					
16. 我父母对我提出的要求必须合理。					
17. 我觉得接受批评而不感到受伤害是很困难的。					
18. 面对新的挑战，对我来说是件快乐的事。					
19. 在做重要决定时，我应完全听权威的。					
20. 我不介意在别人比我强的活动中与人竞争。					
21. 我觉得去新地方或见陌生人是一件不愉快的事。					
22. 生活中即使发生了一些非常糟的事情，比如受到纪律处分、考试不及格、社交场合上的尴尬或亲人得重病，都是可以忍受的。					
23. 要改变一个人的情绪是不可能的。					
24. 我朋友和家人必须待我更好些。					
25. 对我来说，在做重要决定时犯错误是十分可怕的。					

续表

情绪描述	完全同意	基本同意	无所谓	有些不同意	完全不同意
26. 我应去冒险并尝试新事物。					
27. 一次重大失败意味着我在将来会持续失败。					
28. 对我来说，表现拙劣是十分可怕的。					
29. 与众不同不是一件好事。					
30. 孤独是很可怕的。					
31. 我的将来如果没有明确保障的话，那就太可怕了。					
总分					

计分方法：完全同意（4分）、基本同意（3分）、无所谓（2分）、有些不同意（1分）、完全不同意（0分），其中2、4、6、7、11、17、18、20、22、26、29反向计分，即完全同意（0分）、基本同意（1分）、无所谓（2分）、有些不同意（3分）、完全不同意（4分）。

得分越高，说明你越是需要调整、改善自己的心态。

3. 理解生涯非理性信念的类别

著名生活发展理论家Krum boltz总结人们经常在生涯发展方面存在的七类非理性信念如下。

（1）错误推论

以偏概全地将单一事件、经历推广到全部的人或事，它具有三种特征：① 一致性（consistency）；② 特殊性（distinctiveness）；③ 普遍性（consensus）。

一致性：表示出现在行为与将来职业行为的一致性。

我不喜欢和人打交道，所以我怎么可能去当新闻记者？

我很怕课堂报告，如果我去当律师，上法庭一定是件痛苦的事。

特殊性：一种典型的行为失常，却推演到相似的所有情境。

我连熟悉的人都不能维护，更何况不熟悉的人。

我连讲一个熟悉的题目都会发抖，要是碰上不熟悉的题目，不栽跟斗才怪呢。

普遍性：无限扩展行为的外延。

全班就我一个人最不适合当新闻记者。

全世界就我最害怕公开演讲了。

所有这些推论都不是无中生有，往往都有某些生活事件或生活观察的源头。这种因果推论原本平常，"因"是确实发生的事件，所推导出来的"果"却形成了某种信念。

（2）单一标准的自我比较

人活在这个世界上很难成为绝对的存在，只要置身生活的场景中，比较自然就会发生。农村里的优秀学生到了重点学校里，可能发现自己其实"很糟"，这种"比上不足，比下有余"的现象，因为标准不同而可能经常发生。

人应只选择单一的标准或特定的参照团体来做比较。例如：大我15岁的表哥是个医生，我没有他的沉着稳定，我将来怎么可能像他一样当医生。这个信念背后的假设有：① 沉着稳定是当医生唯一的要求；② 表哥在15年以前就是这么沉着稳定；③ 表哥是当医生的唯一标准。

而这些理由又会带出许多负面不健康的情绪，否定自己的价值，打击自己的信心。

（3）对结果灾难性夸大

人在情绪状态下，就会对事件进行无限夸大，所以一个人情绪低落的元凶往往并不是由于发生了什么事，而是那件事引发了什么想法。许多人害怕面对失败（事件），主要在于这种负面的行为结果皆起因于负面的解释，认为"就是因为我能力不够才会失败"（信念），而让自己沮丧不安（情绪）。如果当事人无法学到事件中的正面意义，分析失败的真正原因，寻找其中可以吸取的教训，便会凡事害怕失败。对没有百分之百成功的事件做灾难式的预期，甚至夸大其失败的可能性，而让自己困在灾难式的预言中。

（4）选择固执

人们经常做出的选择是冲动性选择，因为满足自己某一方面的需求而固执己见。比如刚刚毕业的大学生往往认为钱是最重要的元素，所以工作选择时把它当成了唯一衡量的标准。可以看到，毕业生一起交流的时候也是以工资高低作为荣耀与否的标准。

但是在现实的世界里，尤其是职业生涯中，无论是信息提供者，或是信息接收者，都比较注意正面的信息，而忽略负面的信息。正面的生涯信息经常被过度包装，负面的信息被有意掩饰。正如"酸葡萄理论"，固然可以给人良好的心理安慰，但也同时让人丧失了许多探索的可能性。

（5）因小失大

生涯信念中的因小失大，经常是将"小"看得太大，或看得很重要，过度加重其在生涯决定中的分量，因而与许多好的生涯机会擦身而过。例如"我绝对不考虑在西部工作，因为那里很穷，没有什么发展空间"。其实，有许多到西部工作的毕业生被委以重任，也获得了一定的发展，并不是没有空间。而在大城市，虽然机会多，但竞争者也更强、更多。

（6）自欺欺人

许多时候因为已经作出了自己也认为错误的选择，但是惧怕被别人嘲笑，所以就找出许多不适当的理由安慰自己。这在经济学上叫"路径依赖"，在个人身上经常的表现就是沉着效应。

其实总结而言，只要你表述的时候带着"应该""受不了""必须""一定""这完了"等极端化或者灾难性的词汇，一般都可能是一种非理性的信念状态。那么，你可以思考一下：最近你是否有情绪困扰，或有不愿面对的事情，分析这事情背后的逻辑，也许你就可以发现自己头脑中的非理性信念。然后，你可以用下面的"ABCDEF"方法去思考。

4. 改变非理性信念的ABCDEF

任何信念无论错与对，都是针对一些事物而来的，因此信念改变需要找到这些事物。即你在做什么的时候、与什么人互动的时候、以什么样的方式做事的时候、当你遇到什么样的结局的时候……你可能表现出的信念反应。

（1）A：Activating event（激发事件）

现在你需要陈列自己内在的想法，发现其中的自我暗示。假如你和一个朋友约定上午10点见面，但10点时他没有出现，这时你会怎么想？也许路上堵车，他会晚一点。然后11点了，还是没有任何音讯，你可能在想：也许他忘记了。当你想到这里时，也许你已经开始生气了，你认为这是朋友对你的不尊重。但你还是想再给朋友些机会，于是你继续等，毕竟现在独自去吃饭还有点早。然后12点了，朋友还是没有来。

（2）BC：Belief（信念体系）、Consequence（后续反应）

人不是被外在的事物激怒的，而是被事物所引发的内在自我情绪反应激怒的。那么，约定10点见面，你已经等到12点了，而且已经饥肠辘辘。这时，你会怎么想这件事？是什么原因使他爽约呢？

也许这时你已经比较愤怒了，在这种愤怒的情绪作用下，你可能习惯于消极地思考这件事。也许你会想：这家伙一点都不讲信用……然后你又想到了他以前多次爽约不讲信用的事例……然后你越想越感觉自己傻傻在这里白等2个多小时非常愚蠢……你也许想着是否得报复一下……不行，干脆以后别和他来往了……为什么现在的人都这么不讲信用呢……没有信用的社会怎么样找到真正的朋友啊……

这就是在情绪控制下一种灾难性的思考过程。那么，你现在会准备做些什么呢？至少准备找那个朋友算账了吧，或者一整天一肚子气，甚至以后的一周时间都郁郁不乐吧。

那么，到底是什么使你产生灾难性的思考，并作出了使自己不开心的"决定"并付诸实施呢？你准备下一步做什么呢？

现在暂停一下，思考这样一个问题：不知你有没有过"期望学校停电就可以放假""期望发生个小地震就可以放假休息几天""怀念非典时期只关注健康而完全没有学习压力的时光"，然而你可能不会说出"我希望学校停电""我期望发生地震或非典"。其实这就是理智与情感的冲突问题。跟着感觉走，其实就是跟着情感走，但这完全是一种趋利避害、以享乐为原则的行事风格。也许你饿的时候立即想到了快餐食品，但是理智上你知道那东西营养不足。那么，你最终会做什么选择呢？

也许你跟着口欲之欢去大餐一顿，但之后你可能会比较懊悔。如果你能够用理性强迫自己去吃一顿营养丰富的中餐，也许吃饱之后你会有一种战胜自己的成就，并且获得了更充足的营养。

这就是理智与情感的博弈过程。每个人都在自己的舒适区里优哉游哉——习惯了的行为、态度、价值观系统，这些东西就像CPU的指令集，指挥着你一天的所思所行。当你用这些指令集工作时，你的效率最高。然而，效果却可能并不是最好的。比如，你已经非常习惯于每天睡到九点，上午的课通通不选。当你某天又睡到九点时，你做得就非常自然、流畅，只是这个流畅的效率没有带来好的效果。为什么呢？因为别人在这个时间段获得了你没有得到的东西。

因此，改变的过程就是先要发现自己的"舒适区"和自己的"CPU指令集"。然后思考目前的这种生活效率是否带来了期望的效果——是否提高了成绩和得到奖学金、是否交到朋友、是否积累了未来的求职资本、是否……接下来就要分析是否可以走出舒适区、是否可以改变指令集，以及怎么走出、怎么改变。最后就是转化为行动一步步做起来。

（3）D：Disputing intervention（驳斥处理）

那么，是什么使你决定不再理这个朋友呢？你可能会回答说：是因为他爽约。是的，这是诱因，但直接原因是什么呢？是因为你认为他不尊重你，你感觉尊严受到了挑战，你必须要给对方一些颜色看看。是你的朋友"让"你如此愤怒、如此郁郁寡欢吗？那么他是怎么告诉你的？如果他真的告诉你"这周一定不要快乐，而是愤怒"，你会不快乐而愤怒吗？

是的，不是你的朋友，也不是你朋友的爽约，而是你自己的想法使你愤怒和不快乐。也可以说，是你朋友的爽约行为按下了你大脑中的某个按钮，然后你自己开始了一连串的信念加工，并最终决定要"不快乐"。那么，这个责任应该谁来承担呢？当然是你自己了。

你为什么非要想着是因为你的朋友不讲信用才爽约呢？如果你这样想：你的朋友在赴约的路上遇到车祸，现在躺在医院里处于昏迷状态。这时，你会有什么想法？你还愤怒吗？还准备要与他决裂吗？现在清楚了吧，你的行为其实是你自己的信念直接造成的。

好消息是，虽然别人的行为你是永远无法改变或预测的，但你可能改变、调整自己的信念。也许朋友真的是忘记了约会时间，这是他的行为，你无法控制与预测，但你可以控制自己如何思考这个问题。

那么 D 的阶段，就是用其他的理由来驳斥自己灾难性的思考逻辑。当然这个驳斥的过程也应该是有依据、有合理性的。就这个朋友爽约的事，也许你可以问自己：他没有按时到会不会有其他原因呢？也许他就是忘记、也许他临时有急事也不便通知我……当你这样想的时候，会有什么结果呢？这个驳斥的过程可以使用角色扮演——对着镜子看着自己，把你的朋友大骂一通，然后看看还有什么其他的处理方法；认知讲演——向自己熟悉的朋友表达自己的想法、或者把自己的想法都写到日记里去。

再看看埃利斯所列出的11条非理性信念的改变驳斥（表1-1-2）。

表1-1-2　条非理性信念的改变驳斥

非理性信念	驳斥
每个人都要绝对地获得周围环境尤其是生活中每一位重要人物的喜爱和赞许。	无论别人怎样看待自己，自己都是有价值的。
一个人必须能力十足，在各方向至少在某方面有才能、有成就，这样才是有价值的。	尽力去做事，失败是努力的失败，价值不会受损，过程有时候更重要。
有些人是坏的、卑劣的、邪恶，他们应该受到严厉的谴责与惩罚。	做了错事的人并不代表他完全是个坏人。
事不如意是糟糕可怕的灾难。	事情很少会像我们希望的那样发生，若能改变就竭力改变，若不能就接受现实。

续表

非理性信念	驳斥
人的不快乐是外在因素引起的，人不能控制自己的痛苦与困惑。对可能（或不一定）发生的危险与可怕的事情，应该牢牢记在心头，随时顾虑到它会发生。	情绪是由人的知觉、评价、态度产生的，是可以改变和控制的。不管面临的事情是好的还是不好的，都要正视它，勇于承担责任。
对于困难与责任，逃避比面对要容易得多。	要设法避免可能发生的事情，若不能避免就努力减轻后果。
一个人应该依赖他人，而且依赖一个比自己更强的人。	我们要独立生活，但并不拒绝他人的帮助。
一个人过去的经历是影响他目前行为的决定因素，而且这种影响是永远不可改变的。	过去的经历对现在的影响是有限的，我们可以通过努力改变现状。
一个人应该关心别人的困难与情绪困扰，并为此感到不安与难过。	我们的能力是有限的，只要尽力帮助他们就行了。
碰到的每个问题都应都有一个正确而完美的解决办法，如果找不到这种完美的解决办法，是莫大的不幸，真是糟糕透顶。	我们努力寻找解决问题的方法，但不要苛求完善的方法。

总体来看，通过采取非理性信念的方式进行合理的处理，最终将会实现：自我关怀、自我指导、自我接受、宽容、接受不确定性、变通性、参与和敢于尝试。

简单来说，就是要设法减少个人不良情绪的体验，并怀揣着少量的焦虑、抑郁和敌意去生活、去做事，从而慢慢引导自我构建起一个较为现实、理性、宽容的人生哲学。

（4）E：Effect（效果）

当你用新的证据驳斥了自己灾难性的思考过程之后，你也许就少了许多怒气。你可能更会获得一些创造性的解决方案。愤怒之下你见到了朋友，有可能见面第一句话就是"你去哪了，看看表"。然后你的朋友会说"你管我去哪儿了"，再然后就不欢而散。反过来，如果你经过驳斥，使自己免于愤怒，真的见到了朋友，你可能会开玩笑地说："你把我害惨了""我已经饿得胃痛了，现在需要补偿"……也许友谊又往前走了一步。

（5）F：New feeling（新的感觉）

当你经历了ABCDE，最终得到了朋友请的一顿大餐，你有什么新感觉？如果你说感觉是：这个完了，我以后得欠他人情，找机会回请他了——也许你需要回到A再来思考一遍。

有千千万万的人和你一样都会停留在AB的阶段，然后放弃这种可能性。现在清楚美国石油大王保罗·盖帝猜想的依据了吧，人与人的区别更多时候就是心态的不同而已，现在回答这个问题：你的幸福掌握在谁的手里？在此"幸福"可以换成"卓越""创新""快乐""成功"。

（三）身心健康

1. ABC 型性格与健康

心理学家做过一个实验，把一只猴子关在笼子里，将其双脚与一个铜条相连. 然后给铜条通电，猴子被电击后非常痛苦。在猴子的旁边设置一个红灯和一个开关。当红灯亮过几秒之后，电源自动接通。但是旁边的开关只要猴子用前爪拨一下，电源就切断。这样几次之后猴子就学会了，每当红灯亮之后，猴子就会用前爪去拨开关。

接下来，往笼子再放一只猴子，并且两只猴子每天在笼子里待6个小时，这是模拟人类的工作时间。把两只猴子的脚用铜条相连，每当电源接通后两只猴子都会受到电击。但是，那只新猴子并不知道电击与红灯之间的关系。结果，第一只猴子在笼子里的时候会高度专注，聚精会神地盯着红灯，不敢有丝毫懈怠和疏忽。红灯一亮赶紧拨开关。红灯不停地亮，猴子忙得不亦乐乎。而那只新猴子并不知道发生了什么，只是在那里东张西望。结果这个实验做到第二十几天的时候，第一只猴子就死掉了。

死因不可能是电击，因为红灯亮的时候猴子会拨动开关切断电源。而且两只猴子是串在一起的，那只新猴子一点事情都没有。后来对死亡的猴子解剖发现，它死于严重的消化道溃疡。——是的，正是这个环境使猴子持续处于紧张、焦虑不安的状态，最终得了严重的溃疡。

古时候，人们认为得病是由于魔鬼缠身或者是做了坏事，遭到老天惩罚，因此需要请巫医神汉驱鬼。随着科学进步，我们现在知道人得病是由于细菌、病毒、微生物、寄生虫等引起的，这时医学是一种生物医学模式。但是随着科学的发展，人们越来越发现，纯粹使用生物医学模式有时只是治标而不治本。因此，慢慢发展出社会医学模式：人得病不仅是由于生物学因素导致，心理、社会因素也都同样能使人得病。比如，80%以上的胃病都是由于心理因素导致。

有学者发现有一类人行动方式比较特别，最突出的一个表现就是"快"。他们就把这种类型的人称之为A型性格。后来发现，A型性格就是冠心病型性格！

最早发现这种人格类型的是心脏病医生。心脏病医生在出诊一段时间之后，发现用来给病人坐的椅子很容易坏。起初他们以为是质量问题，但与其他诊室比较，发现其他诊室同样的椅子可以用很久。后来医生们详细观察发现，原来看病的人都有一些共同的特点：个性急躁、求成心切、善进取、好争胜。后来心脏医学把这种性格特点命名为 A 型性格。这样的人持续处于一种进攻状态，也有人把它称之为冠心病型性格。A 型性格的人有许多优点，比如成就动机强、不甘落后、有上进心、追求完美、时间观念强、办事不拖拉。但是这种特点发展到极端就比较容易出问题，比如上进心强就爱和别人比，注意自己的形象，既怕人嫉妒又容易嫉妒别人；时间观念强就容易紧张，所有这些特点都易于使心脏负担加重。

与这些相对应的是 B 型，B 型性格的人有着随和的个性、过着比较悠闲的生活，不苛求事业的成功、看淡成败得失。

另外还有一个相对极端的性格，那就是 C 型性格。此类性格之人时常为因为个人的人生、事业以及人际关系而过度焦虑，平时不擅长与人交际，对不幸之事记忆深刻，很能忍耐，不愿面对各样的冲突矛盾，常常处于抑郁寡欢的状态。长期这样的话，不免会使免疫功能下降，成为体内各种代谢机能的障碍，容易引发体内细胞的癌变。所以，C 型性格也被称作癌症性格。在著名的心理学家斯宾诺莎看来，透过 C 型性格的心理活动的特征，凸显出各种不良的心理状态得不到科学、合理的宣泄，因而长期的压抑、封闭，导致身体的生理活动会处于消极的状态，进而身患癌症。

通过以上所列举的 ABC 三种性格类型与身体疾病之间的关联，不难看出，采用"心理–社会–医学模式"可以较为全面地解析、维护人的身体健康。而心理属于大脑的机能，是大脑针对客观现实的一种反馈，脑部的活动直接会对人的生理活动产生影响。人的心理属于不同类型的性格，也就直接地带动各类相关的生理活动。同样的面对空气污染和社会环境，为什么有的人会生病，而有的人则一直很健康，其实60%以上的都是因为心理因素，其中的主要诱因是 C 型性格。

其实 A、C 型性格表面上的名字比较恐怖（冠心病型、癌症型），但其实并不绝对。只是相应的性格产生的心理特征会更高概率地引起相应的疾病。因此，从这个影响的机制来进行控制也是完全可以的。尤其 A 型性格，其实在外人眼里更多时候是一种优点，而且可能这样的人会更有成就一些。只是需要避免这样特征的极端发展。

2. 性格的完善

（1）A 型性格的调整方式

① 制定一个与个人真实能力相匹配的目标；对于时间的安排要更宽裕一些；工作与休息要进行准确的界线划分。

② 大力培养个人的兴趣爱好，增加个人的于生活情趣。

③ 要经常参加一些体育活动，增强自身的体质及机体承受力。

其核心的原则，就是给自己划一个边界——成就的边界、责任的边界、工作的边界，然后在边界之外去丰富自己的生活内容，并能够在一定的时段里主动放慢自己的节奏。总之，这里的"应对"绝对不是说放弃成功的努力、放弃积极地工作，而是指要在现有优势、强势的基础上，给自己一个缓冲的空间与休整的时机。

（2）C 型性格的调整方式

长期的压抑必然会引起免疫系统的衰退，这也正是癌症的导火索。其实改变的方法就是表达，主动展示自己的想法与思考。

① 对于不良情绪要学会主动去疏泄或排解。尤其是针对严重的焦虑、抑郁、愤怒等，需要找寻到适合自己的方式进行发泄，对情绪进行缓解、使心理得以平衡，杜绝持续的压抑和克制，甚至是为难自己、折磨自己。

② 学会把自己的心境进行转移。人自身是具备主观能动性的。因此，要刻意地去培养操练自己迅速从糟糕、无助的心境走出来的能力。

③ 对于权威和他人的评价不要过于害怕。人不能过度地以自我为中心，同时也不要失去个人独立的人格。为人处世过程中，不要把扼杀个人的潜能作为代价。

④ 构建起一个良好的人际关系网。

⑤ 给予爱：学会爱自己、爱家人、爱同事，通过爱人来寻找人生的趣味。

总而言之，虽然 C 型性格是致癌的可能因素之一，但它唯有通过各种神经、内分泌和免疫系统的参与才能更好地发挥其作用。所以，对于性格的改善和为人处世的方式和态度的改变，就会对神经、内分泌以及免疫系统起到一定的调节作用，提升机体抵抗疾病的能力，从而大大降低甚至避免了疾病产生，拥有一个健康的体魄和心态。

三、大学生职业素养的构成

依照国内职业教育的培养目标来看，职业素养的主要内容包括10个方面：职业道德、职业形象、职业态度、职业技能、表达沟通、团队合作、人际交往、解决问题、学习和创新、组织管理。

（一）职业道德

所谓的职业道德，指的是在职场中的职业人士身处特定的社会职业活动中应当遵守的有着独特职业特征的道德规范与准则，并会在个人从业过程中个人的思想和行为得以呈现出来的较为稳定的特征的指向。职业道德的基本规范主要有：爱岗敬业、诚实守信、处事公道、服务民众、奉献社会。职业道德的基本素养主要包含：遵纪守法、严谨自律、诚实厚道、勤业精业、团结协作、任劳任怨、开拓创新。要想更好地培养职业道德，只有通过对于职业道德的训练和实践中方可实现，因此同学们应当积极参与到各类社会实践活动中，透过各样的实践来加深对于职业道德的领会、体会和感受，方可培养出良好的职业道德习惯。

职业道德素质是从业人员的根本素质，是一个合格的职业劳动者的必备条件。所谓职业道德，是指从事一定职业劳动的人们在特定的工作和劳动中以其内心信念和特殊社会手段来维系的、以善恶进行评价的心理意识、行为原则和行为规范的总和。它是人们在从事职业劳动的过程中形成的一种内在的、非强制性的约束机制。

一般来说，职业道德素质可以从职业态度和职业伦理两个方面来看。职业态度是劳动者对社会、职业和广大社会成员履行职业义务的基础，其个性品质表现为责任感、自尊、自控、正直和诚实；职业伦理是社会对各种职业的规范要求转化为从业人员职业行为、道德品质的重要环节，包括职业的理想、态度、义务、质量、纪律、良心、荣誉和作风等。

（二）职业形象

所谓的职业形象，广义上来说指的是针对职业人士外在、内在的综合呈现和反馈。外在的职业形象指的是职业人外在的相貌、穿着、打扮、谈吐等可以看得到、听得到的东西；内在的职业形象指的是职业人士通过言行举止所表现出的学识、风度、气质、魅力等无法看到的，却可以通过活动感受到的一些东西。职业形象往往与个人未来职业的发展息息相关，并在社会求职和社交活动中发挥关键作用，而良好的职业形象对于职业的成功有着极其重要的意义。

（三）职业态度

何谓职业态度，指的是个人对于职业生涯的一些想法及其相关问题的基础看法。它的内容主要包括：职业生涯设计、针对将要从业或已经从业的职业的个人看法等。针对大学生来说，在学校中所能教授的知识和智能都是很有限的，而有着知识经济作为主要特征的当代社会对于拥有综合素质学生的需求却是源源不断的。想要通过有限的知识能力来满足社会的无限需要，最有可能的方式就是把培养学生的职业态度作为最好的教育，一味好高骛远是走不通的。

成功者所具备的最基本要素是积极的态度。所谓的积极态度一定要是正确的态度。而正确的态度常常会具备一些"正性"的特征，比如忠诚，正直、仁爱、乐观、创造、容忍、勇敢、慷慨、亲切、机智和通情达理。通常有着积极心态的人，内心都会隐藏着一个崇高的目标并为之不断奋斗直至完成所设定的目标。而消极心态所具有的特点恰恰与积极的心态相反。若把积极看作为人类最宝贵的法宝，那么消极就是人身上致命的缺点。虽然我们身上有不少的缺点和弱点，但并不意味着我们就是一个弱者。树立一个积极的态度，可以扫除我们里面消极心理的阴影，转变为一个快乐的强者。

（四）职业技能

职业技能，指的是以职业分类作为根基，依照从事职业活动的具体内容，针对从业人员的工作能力水平所设定的规范性要求。同时也成为从业人员参与职业活动、进行职业教育培训和鉴定职业技能的重要依据，也是测定从业人员从业资格和能力的重要标尺。

职业技能，是人们通过使用理论知识和实践经验来完成工作任务的一种方式。大学生想要掌握职业技能，不单要吸收老师所传授的知识，更为核心的是要参与到具体的实践活动中，透过相关的操作和训练掌握相应的职业技能，这些正是走进职场的基础所在。

（五）表达沟通

表达沟通能力，指的是透过听、说、读、写等思维视角，然后通过演讲、对话、会见、讨论、信件等方式使用语言或文字准确、恰当地表达出个人的思想、观点、建议或意见，使得对方更好地接受自己的能力。表达能力的内容主要包含语言表达能力和文字表达能力，同时也是作为大学生必备的基础能力。可以使用流畅、准确的语言来完成故事的讲述和观点的表达；可以独自撰写计划、总结、调查报告、公函等文书，这是企业、用人单位对于大学生表达能力的基本基础性要求。

沟通，指的是对于信息所进行的传递和理解，沟通技能包含的技能主要包含听、说、读、写等。沟通的具体形式比较多样化，最主要是通过语言沟通，还包含口头和书面。处于语言范畴之外的非语言方式也是进行沟通的主要组成部分。非语言沟通时常被称作肢体语言，主要包含衣着、表情、神态、动作、姿势等。把信息准确高效地传递给接收方，并可以对于对方的信息加以正确的理解，这是作为大学生必备的能力，良好的沟通能力是大学生在职场通向成功的重要条件。

（六）团队合作

所谓的团队精神，指的是团队内部的成员以团队的目标和利益作为导向而形成同心协力、尽心竭力的意愿和风气，是整合个体利益与整体利益，使得高效率运作得以实现的一种理想的工作状态，是团队得以高效运转的核心，也是成功团队所特有的品质。

团队合作能力，指的是为了实现所设定的目标，在团队协作过程中所凸显出来的共同努力和自愿合作的能力；是一种个人在工作中与同事们和谐相处的能力；是在真实具体的工作中对于个人职责、组织结构、团队目标的全方位理解，并以此作为基础实现与他人协作配搭、互帮互助的能力。它主要包含了个人擅长与团队的成员进行沟通协调，通过合适的角色，勇于担责，乐于助人，保证整个团队的融洽氛围等。

著名心理学家荣格认为，一个人只有把自己融入集体中，才能最大限度地实现个人价值，绽放出完美绚丽的光彩。只有凭借整个集体的力量，才能把自己不能完成的棘手问题解决好。充分认识到自己的不足，善于发现周围人尤其是同事身上的长处，是铸就良好团队精神的基础所在。

现如今，大多数的企业开始意识到团队合作的重要性，尤其是对那些业务面比较宽阔的知名企业，对于员工的团队意识和合作精神格外看重。对于团队中的各个成员，一定要有担当，承担起自己当尽的责任，这是构建团队精神的基础所在。对于大学生来说，从事职业的条件之一就是团队合作精神。

在企业里面，个人的成功并非真正意义上的成功，带领整个团队一起获得成功才是真正的成功。工作中要促进同事之间的合作，还要多多去交流，同时在工作中要平等友善、接受批评、发挥潜力、积极乐观。一位专家曾说过，自负是新时代背景下年轻人在职场中的普遍性的表现，就会使他们难以很快融入到工作环境中去。他们在团队合作意识方面比较欠缺，时常是一个人独自去做项目，遇到问题不懂得和同事们一起商量想办法，就会造成每个人得出的结果都不一样，最终也就无法给公司创造利益和价值。

（七）人际交往

所谓的人际交往，指的是人们为了达到信息传递、交换意见、情感的表达等目的，通过使用语言、行为而开展的人际联系与接触的整个过程，也就是人们时常所提到的人际关系。人际交往能力是指通过自身向周围的人进行信息与思想感情的传递的能力。针对于正处于学习、成长中的大学生而言，有着出众的人际交往能力不单单是开展大学生活的需求，同时也是将来适应社会的一种需要。单从一个组织而言，出色的人际交往能力时常可以成为营造良好组织氛围的重要帮助，而一个良好的组织氛围往往能很好地促进成员之间的交流沟通，也是连接组织内部与组织外部之间联系的重要桥梁，拓展自己对外的人际圈，获取尽可能多的社会资源，从而成为顺利实现目标的强大助力。所以，在其他条件保持不变的前提下，作为企业和用人单位，更倾向于聘用有着较强人际交往能力的人。

（八）解决问题

何为解决问题，指的是先来发现具体的问题，然后针对具体的问题来深入分析，最后使用相应的技能和方法来解除其中的各样矛盾，从而完成最终的目标。解决问题的内容主要包含辨识问题和通过措施来解决问题。这样的技能可以用来寻找对于学习、工作和生活中的问题加以解决的具体方法，通过使用不同的方法来确定最终的解决方案，对于具体方法是否有效进行确认。

在解决问题的范畴中，颇为关键的是分析判断力。分析判断指的是为了既定目标得以实现或特定问题得到解决而完成行动方案的制订并进行深入优化选择的过程，对一个问题进行独立处理的过程本质来说就是进行决策的过程，所以，分析判断能力本质上来说是一种独立处理问题的能力。针对某个固定的问题，分析判断内容如下。

分析问题——对于问题本身的性质和特征加以分析；

确定目标——对于想要达到的最终效果进行最后的确认；

拟订方案——完成同一个目标的方案时常不止一种，通过使用各样的途径和步骤来进行一定的排列和组合，来拟订多套行动方案来作为备选；

评估方案——汇总备选行动方案本身的可行性、后果等方面进行分析与比较，对于各个方案的利弊得失进行一定的权衡；

选择方案——从之前拟订的所有备选行动方案中选出最后落定执行的行动方案。

对于分析判断问题的相关流程进行了解之后，大学生就可以根据分析判断问题不同环节更有针对性地进行规范和完善，好使自身分析判断问题的能力不断得以提高。

（九）学习能力与创新能力

所谓的学习能力，指的是当人们处于日常的学习、生活及工作的时候应当具备的一种能力。随着时代的发展，对于个人的学习能力，社会提出了越来越高的要求，应届的大学生一般情况下都要参与系统的培训后才可以获取操作相应业务的能力。所以，作为用人单位，比较看重的是应聘之人是否有着很好的学习能力和炽烈的求知欲，这些也是用人单位所看重的核心要点之一。

创新能力指的是人们除旧造新、创造全新事物的能力，其内容主要有：发现问题、分析问题和解决问题，还包括解决问题的过程中再次发掘出的一些新问题，进而持续推动事物不断得以发展变化的能力。其中创新激情、创新思维和科技素质是构建创新能力最基础的组成要素。创新的诞生往往是由创新激情所决定的，而创新的成果与水平往往是由创新思维所决定的，而进行创新的基础是科技素质。

（十）组织管理

组织管理通过对管理者的知识和能力进行成功的运用从而对机构产生影响，以此来最好地完成工作目标。与组织管理相关的组织管理能力是一种把控和引导人心的能力，那些有着极强组织管理能力的人在工作上时常会有一定的主动性，会影响到周围的人，有着一定的发展潜力，也有一定的培养价值。

第三节　大学生职业素养的现状

一、用人单位对大学生职业素养的期望

（一）企业的用人要求

对于众多的企业来说，会为"招不到合适的人选"而发愁，实际上，大多数的企业都会为招不到有着优良职业素养的毕业生而着急。由此可见，职业素养已成为企业评价员工的一个重要指标。比如来自成都的大翰咨询公司在招录员工的时候，会针对毕业生五个方面的能力进行考察，这五个方面分别是：身体素质、专业素质、心理素质、职业素质和协作能

力。这里面，最基础的是身体素质，一切工作的基础是要有好身体；工作过程中最为重要的是职业素养、心理素质和协作能力；而作为加分项的是专业素质。通常在个体的工作中会很好地体现出职业素养，而外在的这些行为往往需要把个人的知识、技能、态度、价值观、意志等作为一个基础。

企业所期待的：

（1）在一些经济界相关学者眼中，员工核心素质中的最为关键的部分是员工的个性和态度。

（2）在75%的企业眼中，针对员工的性格特征方面，最为关键的部分是要有强烈的上进心。

（3）超过50%的企业单位觉得比较重要的是员工个人学习的潜质、联系的思维方式以及解决问题的能力。

（4）想要从事经济界的相关工作，就需要具备承担压力的能力、独自完成工作的能力以及遇事的决断力等。

（5）除了相关专业之外的知识。此处主要指的是作为以后的管理人员，应当拥有使用合理的方式、准确地定位工作的重点，还有快速地把目标作为导向来进行工作的能力。

（6）在企业家看来，不论应聘者当初学的是什么专业，必不可少的是与电子数据处理相关的知识。60%～75%企业家觉得作为一个大学生，极为重要的是要掌握计算机的基础知识。

（7）综合能力排在第二位的是公司管理和项目组织的能力，其次才是时间管理、工作技术，还有就是与外语相关的专业知识。

（8）应当拥有专业之外的相关知识，比如作为一名技术人员，还应当掌握基础的经济知识。

企业管理者对大学生素养和能力的重视程度，依照"非常重要"选择所占的比例进行排序如下。

（1）倾向于思想道德素养和思想道德价值的占比为77.4%；

（2）工作中员工的踏实、勤恳、敬业奉献精神占比为70.8%；

（3）学习新知识的能力占比为61.9%；

（4）在探索过程中发现问题和解决问题的能力占比为61.7%；

（5）员工个人的心理素养占比为60.1%；

（6）员工所具备的创新意识和创新能力占比为55.3%；

（7）工作中的团队合作能力占比为52.0%；

（8）不断追求上进的热情占比为47.6%；

（9）动手实操能力占比为46.0%；

（10）日常工作中的文明礼貌和强大的亲和力占比为39.9%；

（11）工作中的人际交往能力占比为37.3%；

（12）员工个人的身体素质占比为36.7%；

（13）工作中所涉及的基础理论和专业知识的水平占比为35.3%。

（二）影响大学生就业的自身因素

在企业管理者看来对已经毕业的大学生就业产生影响的自身因素进行调查的结果再次说明，与外在的各样条件相比，企业管理者对于大学毕业生内在的软素养——（个人内在的品性）更为看重，而对于外在的有形的外显因素，比如大学生的经验经历和学习成绩不是特别看重。

（三）大学生需要培养的个人职业素养

在一个针对企业管理者眼中所认为的身处于职场中的大学生特别要具备和培养的职业素养和职场行为所做的一系列调查显示，依照"非常重要"选择的先后进行排序如下。

（1）有一定的责任心，有担当占比为76.6%；

（2）平时为人诚实、正直，有良好的心理素质，极强的稳定性，自觉完成工作占比为66.8%；

（3）做事勤快，能吃苦，有着一定的敬业奉献精神，做事过程中懂得如何做人占比为66%；

（4）有着强烈的上进心，做事有激情，工作的主观能动性占比为56.9%；

（5）对于工作的忠诚度占比为54.2%；

（6）对于师长和同事给予尊重，有着团队合作意识占比为54.4%；

（7）有一颗感恩的心，一心向善，孝敬父母，爱周围的人占比为52.6%；

（8）可以独立进行思考，有一定的创新意识和能力占比为51.0%；

（9）学习能力强，学习知识的能力强占比为50.1%；

（10）比较守时，做事认真占比为49.7%；

（11）对于挫折和压力有一定的承受力，有着开朗的性格和坚强的意志占比为46.4%；

（12）有一定的沟通交际能力，有着较强的适应性占比为42.4%；

（13）做事比较执着，任劳任怨，有一定的忍耐力占比为41.9%；

（14）有着扎实的基础知识，做事有条不紊，还有着组织管理相关的能力占比为32.8%。

（四）职场人需要改善的行为习惯

从企业管理者来看，作为职场中工作的大学生极为需要改变的不良习性和习惯所进行的调查显示，依照"非常重要"选择的比例进行排序如下。

（1）肆意地撕毁约定，有违诚信的占比为70.6%；

（2）散漫的工作态度，做事没什么动力，没有很好的稳定性占比为63.1%；

（3）没有一颗上进心，敷衍的工作态度占比为59.4%；

（4）比较自我，良性竞争的意识比较缺乏占比为57.6%；

（5）过于骄傲，对上司、同事和客户缺乏尊重占比为56.0%；

（6）缺乏守时观念占比为54.0%；

（7）做事比较拖沓，经常性推诿找借口占比为53.7%；

（8）过于看重享受、很强的功利性、拜金主义、经受不住寂寞、想要快速致富占比为52.9%；

（9）比较好高骛远，自身比较懒惰占比为51.5%；

（10）平时喜欢打听、讨论别人的隐私，泄露公司内部的商业机密的占比为48.8%；

（11）难以跟他人配搭合作，不愿主动跟别人交往，不懂得如何与人交往建立关系、平时不擅长与人交际占比为48.1%；

（12）言行举止比较粗鲁，比较幼稚，不够成熟占比为45.1%；

（13）思维比较两极分化，情绪起伏比较大、缺乏很好的承受力、内心比较脆弱占比为43.5%；

（14）喜欢去抱怨，在别人的背后说坏话占比为37.1%；

（15）有着强烈的表现欲，随自己心意打断和否定别人的想法，好恶观念比较主观占比为34.8%；

（16）思想方面有一定的偏见，还比较无知占比为33.9%。

在企业管理者看来已毕业的大学生亟须改善的地方所进行的调查结果，依照"非常重要"选择比例进行的排序如下。

（1）做人方面，踏实、务实，防止浮躁的占比为65.2%；

（2）耐挫力、坚韧不拔、战胜困难的勇气和决心占比为64.3%；

（3）对于个人的道德品质和人文素养加以提升占比为59.5%；

（4）加强对各样环境的适应能力占比为54.5%；

（5）乐于对问题进行分析和解决的意识和能力占比为52.9%；

（6）对于理论知识的学习的加强，对于实际问题的解决能力占比为46.0%；

（7）对于人际交往能力的加强占比为40.1%；

（8）尊敬自己的师长、具备谦虚自省的能力占比为36.9%；

（9）对于不断学习基础知识和专业知识的能力占比为34.2%；

（10）口头表达能力占31.0%；

（11）文字表达能力占23.9%。

上面的调查数据表明，用人单位对大学毕业生的职业素养越来越重视，要求越来越高，表现出一种重视综合素质，而非仅考虑某种素质的趋势。

二、大学生职业素养的现状

据相关机构统计，当下国内企业的生产效率仅为美国的1/25，为日本企业的1/26，这种差距的根源在哪里呢？究其本质当属人的问题，即使制定一些再完美的制度，若缺乏一支职业化的队伍去执行的话，只能变成一堆废纸。随着企业之间的竞争愈演愈烈，企业在竞争过程中，使其处于不败之地的关键往往在于员工的职业化，企业对于员工职业道德和职业素养的提高越来越看重。

在市场竞争越来越激烈的大环境下，人才在企业看来是维持企业持续发展过程中必不可少的重要资源，众多的企业开始尝试从一些高校学生中筛选出其中比较优秀的应届毕业生来作为公司内部的储备人才。可是，进入职场后应届大学生的表现却让管理者很是失望。大学中比较看重对于理论的教育，教育出来的大学生往往有着比较高的自我价值认知度，总觉得自己应当参与到中高层的管理工作中。然而真实情况是，因为毕业生普遍比较缺乏实操能力，唯一的选择就是从基层开始做起。正是这种比较明显的心理落差导致应届毕业的大学生时常会为自己得不到重用而抱怨。在十多年的求学历程中，他们所付出的所有努力的最终是为了能够顺利进入一所好的学校。走进企业之后，这类从个人角度出发而产生的行为习惯与企业内部所倡导的团队协作是互不相容的，导致他们在工作中时常因和身边的同事发生冲突而受到同事们的排挤。出生于80年代的孩子大多都是独生的，有着优越的成长环境，使得他们身上留下了鲜明的特征：盲目的追求个性、渴望被关注、习惯性地接受安排、难以承受大的挫折。因此当他们进入公司后时常会有这样的表现：不愿服从管教，常常跟上司对着干；

目光比较短浅，缺乏完整的职业规划，频繁跳槽，过于依赖自己优越的家境；同学之间对于工资的攀比，向公司提出加薪的要求；每次碰到困难就会频频抱怨、退缩。因为在企业中长时间的"不得志"就会让他们在刚进职场没多久就会纷纷选择离职。然而离职本身并没有给大学生带来什么益处，反而会使得大学生把毕业后一到两年内的宝贵时间段都挥霍在跳槽上面，从而给应届毕业生带来越来越多的负面影响。针对怎样扭转这种"双输"的模式，众多的名企纷纷给出了答案，他们会尝试通过系统的、全面的培训把应届毕业的大学生分别培养为"企业人""职业人""专业人"，使得应届毕业生的流失率已降低为10%。而职业化素养培训对于把应届生培养成"企业人"和"职业人"起到了很大的作用。

三、影响大学生职业素养的原因

目前，高校的职业素养教育普遍滞后，专业培养目标不能有效适应市场需求，主要表现在以下几个方面。

（一）大学生自主培养意识不足

很多大学生在走进大学时处于迷茫的心态，对所学专业没有足够的认识，对就业市场也没有足够的了解，导致他们对择业、就业问题没有自己的规划。同时，很多高校对于职业素养教育也没有足够的重视，甚至对职业素养的概念没有明确的认知，认为它没有实际的作用。即便在不少的高职院校，职业素养教育从认知到贯彻都不是很到位，往往仅满足于实际操作的"工具"型培养，侧重于技术和经验，相比之下，在职业道德和职业心理素质方面缺乏应有的重视。

在这种情况下，学生往往缺乏自主的培养意识。由于没有良好的人生规划和职业规划，很多学生不知道自己的专业学习目标，也不确定未来的就业方向，在平常的学习中也很少主动进行职业规划和职业素养的培养，在临近毕业时，匆忙地走向就业市场。他们刚刚踏上职场时，缺乏起码的职业意识、责任意识，更谈不上具备较高的职业素养。这使得应届毕业生在就业市场上处于劣势，许多企业对应届生存在不好的印象。

（二）职业素养培养与企业需求脱节

目前，虽然许多高等院校都有职业素养方面的课程或项目，但高校重理论、轻实践的现象没有从根本上得到改变，职业素养的培养体系同样不够完善，许多职业素养的课程规划和培训项目往往不符合就业市场的真正需求，高校教师和工作人员也缺乏相关专业的工作经历，没有切实的实践体验，不能根据学生的认知特点来培养学生的能力，也没有把目前生产、生活领域出现的各类实际问题用所学的理论知识加以介绍、解释，只是纸上谈兵，针对性不强，没有建立起真正的校企结合模式，这就导致许多高校的职业素养教育形同虚设，不能起到实际的作用。

（三）课程设置与社会需求不同步

当前，大部分的高等院校尚未脱离传统的教学模式，依然存在对于智能和技能给予足够的重视，但对学习的激励机制不怎么重视；看重针对学习资料所进行的记忆，对于认知方式的培养不是很重视；对于书本知识和实训技能所进行的评价和考核比较看重，但对于学生日常的行为规范和健全人格的评判不是很重视；对于教学内容的选取方面比较看重，但对于学生学习的上进心、自信心、责任心的培养不是很看重；对于理性的训练比较重视，但对于和谐发展等不是很重视。在设计课程的过程中，学生的就业指导课时常是由忙于事务的学生管理人员来兼管，而且设计的课时也不多，与学生就业相关的职业规划、职业道德和职业心理学等课程的课时也比较少，使得大部分的学生对于职业道德和职业心理素质相关的知识知之甚少，也就搞不明白"为什么而学""到底应该学什么""具体该如何去学"等问题。也就无法使他们从内在思想上意识到职业素养对于未来工作的重要性、对于民族复兴的重要，国家发展的重要，对客观形势的重要性。很明显，以上所说的种种现象与职业素养教育的宗旨是相悖的，对于职业激情与品格的培养是不利的。

（四）评价指标体系不合理

当前，高校依然是把书面考试作为主要方式来对学生进行考核和评价，针对学生成绩方面的考评，大多数的高等院校依然通过期末考试的方式来对学生的成绩"一锤定音"，也就是通过一张试卷上所取得成绩来考核学生。因为老师在出题方面有着很大的随机性，使得该考核方式在客观性、全面性、整体性方面比较缺乏，也就无法准确地了解学生对于知识的掌握水平，也就很难精准地映射出职业素养教育的真实情况。若是能够很好地完成一张试卷就可以一无挂虑；若是考试失败，整个学期的辛劳就会化为泡影。同时，这样的考核还可能会助长学生的惰性，到了考试邻近才开始突击学习，强制自己进行死记硬背甚至会为了好成绩而作弊，这些对于学生职业素养的培养和提升都是不利的。

除了以上所说的专业素质以外，还会有其他的隐藏起来的隐性素养，因为在培养高校职业素质培养方面缺乏一定的针对性，无法与社会需求和企业用人的标准保持同步。所以，因为高校缺乏健全的职业素养评价体系，也就无法针对学生的综合素质进行合理的评价，进而对大学生培养职业素养产生一定的影响。

第四节　大学生职业素养的意义

一、努力提高大学生职业素养

对于个人来说，不论是在某机关部门，还是在某个企业和某个具体的岗位上，不论工作内容方面的差距有多大，都少不了对于职业素养方面的要求。大多数人正是因为前期对于职业素养的提升没有足够的重视，才会导致在工作中遭遇挫败。

大学生职业素养，指的是制度化、标准化、规范化的工作状态，是指在恰当的时间、恰当的地方通过恰当的方式说一些恰当的话、做恰当的事，使得知识、心理、技能、态度、观念、思维等与职业规范和标准相契合。工作价值正是大学生职业素养作用的外在体现。工作价值是个人能力与职业素养程度之间相乘之后的乘积，用公式表达为：

$$工作价值 = 个人能力 \times 职业素养程度$$

若是某个人的能力是 100 分，而他的职业素养程度为 50%，最终该人的工作价值也就只能发挥一半了。美国相关的学者研究证明：大多数的职场人士只发挥出了 10%～30% 的能力。若是接受一定的职业素养的培训和教育，就可以发挥出自己全部能力的 50%～80%。

提高大学生的职业素养往往有着极为重要的意义。从个人的层面来看，只有适应环境者才可以很好地生存，若是一个人没有很好的职业素养，也就难以在工作业绩方面有所突破，也就更加难以建功立业；从企业层面来看，只有拥有着比较高职业素养的人方可达成寻求生存与发展的目的，在企业发展的过程中，他们可以为其节约成本、提升生产效率，使得企业的市场竞争力得以提升；从国家层面来看，国家中每一个公民的职业素养的好坏对于国家经济的发展产生直接的影响，是社会得以稳定的基础。正因为这样，职业素养教育才变得重要起来。

而且，21世纪的职场生存法则要求大学生要具备一定的职业素养，是个人与组织的核心竞争力得以提升的关键所在。同时，大学生职业素养还被定义为成功的代名词，也是职场人士竞争过程中最大的优势所在，是生存的根本所在。具备健全的大学生职业素养，可以帮助你在日益激烈的职场中一骑绝尘。

一个人进入社会成为职场人士之前的最后时期正是大学时期，而所谓的职业素养指的是针对一个职场人上在职场中基本行为的规范要求。因此，若大学生在正式进入职场之前，依然对个人行为规范的要求不是很了解，那么，他就难以在职场中很好地扮演"职业人"的角色。

二、在大学期间提高职业素养的途径

身为一个大学生，应当在大学生时期完成自我职业素养的培养。

（一）树立职业意识

雷恩·吉尔森曾经说过："一个人花在影响自己未来命运的工作选择上的精力，竟比花在购买穿了一年就会扔掉的衣服上的心思要少得多，这是一件多么奇怪的事情，尤其是当他未来的幸福和富足要全部依赖于这份工作时。"大多数高中毕业的学生，在走进大学校门那一刻就觉得自己的学习任务已经完成，在大学校园里就可以尽情享受了。这也是为什么他们会在就业初期感受到压力的根源所在。在清华大学任教的樊富珉教授看来，在国内，有69%～80%的大学生没有针对未来职业的规划，就容易在就业时感受到压力。根据中国社会调查所近来针对在校大学生心理健康状况所完成的调查显示，有75%的大学生觉得社会就业是压力的主要来源；有50%的大学生对于大学毕业后自我发展前景感觉很迷茫无助，找不到目标和方向；有41.7%的大学生对于未来没考虑太多；唯有8.3%的大学生对于未来有着确定的目标并很有信心。要想对个人的职业意识进行培养就需要规划自己的未来。所以，每个大学生应当明确：我是个怎样的人？未来我想要做什么？我自己能做什么？周围的环境可以给我带来哪些支持？要把解决这些问题作为重点，就要对自己的个性特征有一定的认识，个性特征主要包含个人的气质、能力和性格，还有个人的个性倾向，主要包含的内容有动机、兴趣、需要、价值观等，依照这些来判断自己的个性与自己所期待的职业是否相符，从而相对客观地来了解自己的优势和不足，并要结合当下的环境比如市场的需要、社会资源等来对自身行业选择的范围和发展方向进行确认，确定职业发展的目标。

在进行大学教育的过程中，帮助学生了解自己和职业与职业匹配度最为直接、有效的方式就是实践教学。大学生可以尝试在暑期进入社会进行实践、校园内部的培训学习活动，在真实的职业环境中，深入了解个人职业的前景、体验个人对于职业的适应程度以及职业相对应的日常行为规范和技能要求，加深对于职业本身的认同与热爱，不断完善自己的不足之处、挖掘个人内部的潜能，透过实训过程的真实体验，来进行自我的调整，从而形成一个健全的、正确的职业意识。

（二）加强技能培养

外在的显性职业素养比如职业行为和职业技能往往很容易透过教育和培训的方式来获取。根据社会需要和专业需要来制订学校的教学还有各专业的培养方案。主要目的是为了让学生获取比较系统的基础知识以及相应的专业知识，使得学生对于专业知识的认知和知识的实践应用有进一步的了解，同时也帮助学生养成了学习的习惯、获取了学习的能力。所以，对于学校所制订的培养计划大学生应当积极进行配合，认真地做完相应的学习任务，尽其所能地使用学校的教育资源，主要包括教师、图书馆等来作为汲取知识和技能的渠道和方式，来为个人未来的职业做好准备。

职业技能是职场人士在奉献社会、服务群众过程中实现生存的根本所在。作为一个大学生，已经具备极强的学习能力，整个学习的过程是一生历程中提升技能和积蓄能量的关键阶段。学生们一定要掌握相应的专业知识，考取与自身所学专业相关的各类证书；一定要具备相应的人际交往能力、合作能力、竞争能力。大学生一定要摒弃被动进行学习的方式，积极主动地尝试自主性、研究性和创造性的学习方法。在课堂上，要认真听取并掌握老师所讲的各样知识，对于相关的专业理论知识和各类社会技能要努力掌握。通过对于职业环境模拟的方式来加深现实生活中的实操体验，一步步的掌握职业岗位会用到的基本技能，并对分析问题和解决问题的能力进行培养。

（三）积极参加"两课"学习

（1）人生历程中的第一道方向是道德教育，不需要任何的强制性措施，完全依靠自我的管理、自我的约束。在"两课"学习的过程中，学生一定要把培养良好的道德品质放在第一位，逐步形成"说老实话、办老实事、做老实人"的良好习惯，有助于自觉地遵守道德法则。

（2）人生历程的第二道防线是纪律教育，通过强制性的方式来施行。

比如用来规范人们的党纪、政纪、校规、家规。学生则要通过自我管理和自我教育的方式来自行遵守学生守则，遵守学校所制定的校规校纪，从而成长为一个遵纪守法的进步青年。

（3）人生历程的最后一道防线是法制教育，本身具有一定的强制性。通过法制教育的学习来知法、懂法、守法、不去违法。与此同时，要通过一定的社会实践活动来逐步养成爱岗敬业、奉献社会、服务群众的良好的职业道德。

（四）在学校活动中培养职业素养

（1）不论是在学校内的课堂学习，还是学校以外的外出活动，都需要设计一个简洁大方的发型，不要把头发染成彩色，不要佩戴各种首饰；对于外部的着装既要关注色彩之间的和谐配搭，还要选择淡雅端庄的款式；与人交流时面部的表情一定不要僵硬，手势等肢体语言要优雅合体。

（2）积极学习微笑、正确的目光交流方式和标准化的待客方式；针对个人的体态，对于日常的站、坐、走、蹲等姿势要多加训练，还有掌握上下楼梯、进出电梯、上下轿车、引导客人的标准动作。不论是日常的人际交往，还是对外的社交活动，要有意识地针对握手礼、鼓掌礼、名片礼、介绍礼、致意礼等礼仪动作进行训练。

（3）牢固树立正确的人生观、价值观，立足于自身的岗位，勤勤恳恳地工作；积极主动地去阅读名人传记、中外名著、警世格言，从而使自己遨游在一片知识的海洋中，来陶冶自己的情操，实现内外兼修。

（4）培养自身与人沟通的能力。人自身的能力往往在沟通上得以体现。所以，作为大学生，一定要进行科学的训练，通过自我培养的方式来提升自身的沟通能力。

对于语言表达能力的训练。自行设计谈话的场景，尽可能多地使用敬语、谦词等礼貌用语，来深入操练自身的口语表达能力。

对于体态表达能力的培养。人的"第二语言"是体态，其中人的表情、手势、动作、姿势所发挥的功能却是各不相同的，却都能很好地代替语言来发挥相应的作用。在课外集体的文艺活动中，学生们可以自发地进行训练，通过精准的手势、优雅的举止和标准的动作、协调的姿态，从而完整地传达出内在底蕴和气质。

（5）对于团队精神的培养。把培养学生品德素质的一个重要目标设定为团队精神。在设置的现有课程中，增加与团队精神培养相关的课程；通过团体活动的方式来增进成员之间的沟通，以自主的方式来培养团队情感，增强整个团队的核心凝聚力。

　　掌握并内化团队精神是一个集中了体验、熏陶、陶冶、养成的过程。用心地开展一些以增强团队精神为导向的集体活动。在各种的文体活动中，通过自我组织、分工合作、团队协作的方式，在活动的过程中深层次地体验、感受彼此竞争与互相合作的关系和个人与团体的关系。

第二章　大学生职业素养提升策略

本章介绍了四种对当前大学生职业生涯发展至关重要的职业素养，即责任意识、诚信品质、团队精神和服务品质。

第一节　大学生职业素养提升之责任意识

一、按规则办事

规则源自于人们对公共利益的尊重以及对集体的认识。事实上，日常中需要通过行为准则来规范人们的行为，使生活更加和谐有序。我们常说的"规则"往往是行为准则和系统的公司章程的结合，是每个人共同遵守的具体规定。

（一）按规则办事，反映了一个民族的素质

对基本价值、语言和习俗的认同是维系一个民族所必需的，如果没有最低限度的认同，这个民族就无法维系。社会的有序运行需要明确的规则以及严格遵守规则，这也是生存、文明、自由的需求。如果将生活当作一条路，规则就相当于交通标志，它通过一系列文字、符号或是图形，将信息传递给人们，进而在生活中明确规则，建立秩序，提高工作效率。遵守规则是在规则中受益的必要条件，也是发展和创新的重要前提。

在原始时期，食物是按照年龄的大小来分配的，这标志着规则与文明一同写入了人类生存的历史之中。《汉谟拉比法典》的颁布，文明被战乱的遮蔽以及人类脱离战争，重返安定的生活，这一系列事件的发生都离不开规则在其中的作用。规则中能够体现文明和人性的关怀，这也是规则在长久的历史中得以存在的重要原因所在。

规则倡导的是平等与无私，并将人性的丑陋与偏见排除在外。面临灾

难时，对于每个人来说都是生与死的考验，但人们仍然会有序的、自觉地为消防队员让出一条通道，尽可能地为需要救助的人提供最大的帮助。这样的危险时刻，并没有明确的规则要求人们必须为消防员让路，但内心中的利他精神影响着人们的行为，形成了规则。由此看来，文明能够带来规则，无私与善良蕴含在人们的行为之中，规则也就由此生成了；那么遵守规则，我们也会在规则中受益。

中国WTO首席谈判代表龙永图曾讲述过自己的这样一个经历：在瑞士，他到公园去散步，在上厕所时，听到旁边出现了"砰砰"的响声，并对此表示疑惑。从厕所出来后，一位女士很着急，因为他的儿子在厕所十几分钟了都没有出来，并请他进去帮忙看一下是什么情况。龙永图找到那个男孩之后，发现他正在弄马桶，并且因为马桶怎么弄都不出水而感到非常着急。男孩认为不冲厕所是一项违反规则的行为。龙永图感叹道：一个小孩子都能够按照规则来执行最基本的社会规则，可以看出瑞士人强烈的规则意识！

（二）规则不是用来破坏的

有这样一个故事，在这里与大家分享一下：有六只猴子需要渡河去办事情，渡船员水獭告诉猴子说："我的船每次只能帮三名乘客过河，你们需要分两次过河！"前三只猴子上船后，陆地上的两只猴子觉得不差这一点重量，并认为水獭的规则太过死板，又跳上了船，最后一只猴子觉得大家都违反了规则，只有自己不上船，岂不是很傻，所以也上了船。最终，很快船就沉了，六只猴子也全掉进了水里。这个故事说的就是"遵守规则"。

应该鼓励那些遵守规则的人，违反规则的不道德的人应该受到惩罚。如果违反规则的权力没有受到惩罚或惩罚的力度不够，那么破坏规则的机会成本就会很低，而潜在收益则可能很大，这样组织成员就会"自发地"去破坏规则。一旦规则被破坏，它将一次又一次地停止运行。制定规则的人首先破坏规则，这是规则执行不力的最主要原因。例如，那些制定规则的人正在公开破坏置于"禁区"的基本规则，并试图通过规避区分和对待公开违反关系系统的不同破坏者的规则系统来解决一些问题。规则制定者必须创造一个表率，并真诚地对待他人。

我们经常在校园里看到：借一间教室需要三四个程序，如果一个程序有问题，这件事会拖延几天。这是职责不明和滥用权力的典型情况。总之，把教室管理者的职责范围改变为每个班级的管理者体现权力的过程给工作带来了各种不便，尽管它满足了管理者对权力的渴望。每一个领导都不能想当然，他们也有自己的职责范围。领导如果经常做自己的分外之事，可以说这位领导是不遵守规则的，也是不称职的。事实上，领导的破坏能力更强大。

（三）按规则办事是一种保护

规则不是为了束缚，而是为了保护，它是一个灵活的网络，而且它是不断完善和发展的。这些规则束缚了我们各种各样的欲望，并允许我们按照正常的轨迹运行。偏离轨道是要受到惩罚的，毫无疑问，生活和工作也是如此。

在一个城镇中，一位母亲骑自行车带着一个孩子闯了红灯。遵守交通规则不仅仅是为了自己的安全，更是为了孩子的安全。但这位母亲义无反顾地作出闯红灯的行为。当有人问道："你没有看到是红灯吗？"这位母亲回答："看见了。"又问道："那为什么还要闯红灯呢？"她竟然回答："因为没有警察，红灯不能看到我。"换句话说，信号灯没有眼睛，它不能看到闯红灯的人，这样，交通规则是没有意义的。随后在路口站了一个交警，又加了电子眼，这个年轻的母亲还是闯红灯，因为警察是她邻居，电子眼管理人员是她的亲戚。规则在熟人面前形同虚设。没有规则约束的人无所畏惧，没有规则约束的领域有恃无恐。对自己和孩子的生命不管不顾，生长在这种环境中的孩子，对自己和他人的生命会尊重吗？

在日常生活中，从小时候开始我们就应当重视有关规则的教育。如果每个人都认为规则不是规定自己行为的，而是管理别人的，就算是那些掌握规则的人，也同样认为"规则不能约束自己和熟人，而是对别人的管理"。那么，在不遵守规则的人面前，规则就毫无意义，许多惨痛的事件都是因此而发生的。

二、做好分内事

本分之内的事情是指自己应负责任的事情，这是做人的基本原则。"德者，才之帅也。"本分作为为人处世的基本道德原则，始终都应该把它放在统领位置。守本分与增强本领两方面相互促进、相辅相成，才能完善自身的道德，进而走向成功。尽本分没有高低贵贱之分，在社会中担当角色不同，分工不同，同样是分内事，只要尽力都值得赞扬。尽本分不在于高速的效率，也不在于优异的质量，而在于对待它的真挚态度，人人各司其职、尽忠职守，才能社会秩序井然，国泰民安！

（一）恪守职业本分

作为国家公民，每个人首先必须遵守国家的法律法令。如同医生的本分是救死扶伤、商人的本分是依法经营一样，不同身份的人应恪守自己的职业道德。分内事是什么，我们每个人都有自己的理解，但是最重要的还是我们自己的本职工作，本职工作是我们最应该做的分内事。

战士的本职工作是保家卫国；交警的本职工作是维持交通秩序。下面与大家分享两个恪守职业本分的小故事。

故事一：上海市初中阶段的历史课不是中考科目之一，学校和老师对于历史这门课也就没有那么重视，不会有专业的老师来讲授初中阶段的历史课程，老师们也不会提前备课，上课时也只是划一些重点，简单地讲一下。有一位姓吴的教师，大学时的专业是历史，他每次上课都会认真的备课与讲课。在多年后的同学聚会上，大家得知他一直在那所学校教历史课，即使是将历史知识熟记于心，他也会认真备课，并加入自己获得的新知识，学生们对于这位老师所用过的备课本的数量感到非常惊讶。但是，这位教师却坦然地说："我只是做好分内事罢了。"

故事二：有一位妇女，她一个人数十年如一日地照顾着家中的三个瘫痪人员，她的不容易与孝心让人敬佩和感动。事实上，她只是一个最普通不过的农民。初中毕业后就嫁给了丈夫，两个人在外打工，然而意外不断地发生。她只能在家中照顾三个病人和孩子。当记者问她这样的生活累不累时，她回答道："累，很多次会在梦中哭醒。"又问道："那你是怎么坚持这么久的呢？"她回答道："我只是做了我应该做的事。"

（二）先做好眼前的事

如今，很多人总是想做一些容易的事情，而忘记了自己的职责所在。例如，做生意的人在进行交谈时，往往会说："生意好做吗？"实际上想要表达的意思是："生意赚钱容易吗？竞争激烈吗？"公务员交谈时，往往会说："你的职位好吗？"实际上想要表达的意思是："这个职位的工作容易吗？轻松吗？工资高吗？"普通的员工见面交谈时，谈论的内容也都是工作怎么样，好做吗？也是在表达"工作是否容易，薪资待遇"等。

刚进入职场的人，首先需要把自己的任务完成，这样才能够得到进一步的发展或是升职的资格和机会。如果连分配给你的任务都没有完成，又怎么可能有升职的机会呢？在下班之前，如果你将分内之事全部完成，那么你的心情一定是舒畅的。

许多上班族总是无精打采，感觉不到上班的乐趣。可能是微薄的薪水困扰着自己，让人们有一种想要摆脱自身负担的感觉。但如果一个人每天都在对工作、命运、老板、家人等进行抱怨，事实上工作中的不顺利并不是由这些因素所导致的，而正是由这样的抱怨行为所引起的。

李开复在博客中写道，有一次下班后去理发店剪头发，理发师见到他后非常开心，就开始和李开复聊天，一段时间后剪发结束。到家后，家人看到李开复的发型感到很惊讶，原来理发师只顾着聊天，而没有认真剪头发。他看着自己的头发，决定不会再去这家理发店了。李开复认为，理发师完全忽略了这一点：只有做好分内事，才能够去追寻理想。作为一名理发师，只有将头发剪好，才能够寻求顾客的帮助。对于学生来说也是同样的道理，只有先把知识学好，才能够去谈论理想。学校中的课程都学不好，又怎么能找到工作呢？就更不用说追求理想了。职场中做不好分内之事和喜欢抱怨的人，没有资格抱怨没有发展的机会，他们往往是在寻找失败的理由。在一个管理健全的机构中，我们可以发现，成功的人通常是能够完成分内之事，且具有进取之心的人。

（三）守本分与长本事

本分，是做人的基本原则。本事，是人的能力素质。一个人不论本事大小、素质高低，都必须守本分，这是立身做人、成就事业的前提和基础。离开做人的本分，即便有再大的本事也很难有所作为。一个在事业上取得成功的人，一定是本分与本事兼备的。一次，齐景公问政于孔子，孔子对曰："君君臣臣，父父子子。"意思是说，搞好政治，为君的要尽君之道，为臣的要尽臣之道，为父的要尽父之道，为子的要尽子之道。孔子的话，实质上是提倡人们要守本分，并把它作为为政的一个重要问题提了出来，这是很有深意的。一个守本分的人，必然能够认真履行责任和义务，扎扎实实地做好工作，并在实践中不断增长自己的本领。

对任何人来说，没有能力固然对工作不利，但不守本分，肯定会走弯路、摔跟头。这就像开车一样，要保证安全，一方面要有较高的驾驶技术，保持车辆状况良好；另一方面要严守交通法规，该慢则慢、该停则停。但有的人却总不安分，不守本分，今天想着动一下自己的职务，明天想着调一下工作岗位，后天又想着拉拉关系，谋一点个人利益等。有的甚至将政策法规置若罔闻，干一些违法乱纪的事。有的人辉煌半生，却晚节不保；有的人前程看好，却中道跌落。他们不是没有本事，而是没有守住本分，把持不住自己，落得一失足成千古恨。这说明，一个人本事再大、能力再强，倘若不守本分，终将铸成大错。人的能力有大有小、素质提高有快有慢，但只要本分做人、刻苦努力，就一定能够成为一个无愧于自己、无愧于他人、无愧于社会的人。守本分是要"从心所欲不逾矩"，而不是甘于平庸，不思进取。守本分与长本事二者应当相互促进，相辅相成。

三、用一流的标准做事

"标准"在词典中被定义为："衡量事物的准则。"任何事情都要有标准，标准具有高低之分。不同的工作标准对工作的质量有一定的影响，高的工作标准，能够使工作完成得更好。

对于事情的高标准、高要求指的是事情的目标高、境界高。高标准、高要求、高志向、高境界才能使我们的眼界更为宽广，进步更加明显。这些"高"的引领，有利于激发一个人内心向上的欲望，提供积极进取的动力，提高自身的能力，进而获得优异的成绩。换句话说，一个人的人生价值与境界的提升必须要在高标准的要求下得以实现。

用一流的标准要求自己，不仅是责任、执着以及对完美的追求的体现，更是当代人应当具备的品格与内在要求。无论我们所做的事情有多么渺小，也要尽全力去做好，这代表着我们的工作水平，体现着我们的风格，要经得起实践、人民和历史的检验。

（一）高目标做事

古语云："取法乎上，得乎其中；取法乎中，得乎其下。"这句话告诉我们，远大的目标，即使不能够完成，取得的成绩也是不错的；但目标处于中等水平，最终取得的成绩可能只是低等水平。我们在做事的过程中，目标的制定要顾及全局，起点要高，找出你与高水平人才或是高端技术的差距所在，不断为自己施加一定的压力，勇争一流；无论遇到怎样的任务或困难，都要有决心，全身心地投入工作之中；同时还要在创新上多下功夫，要不畏惧挫折与失败，要拥有敢于创新和冒险的精神。

强烈的责任心和事业心为完成工作、取得成功提供了动力，也是高目标做事必须具备的能力与精神。没有足够的责任感和事业心，很难取得成功。随着时代的发展，新的任务与形势在等着我们，我们必须鼓起勇气和精神，才能在未来的发展中取得更大的进步。

古人云："愚者暗于成事，智者见于未萌。"高目标做事要求我们必须具备较高的谋事水平。一个人的谋事能力决定着其工作水平的高低。"谋"能够决定一件事情的成败。不同的人对待工作的态度是不同的，有的人会按照规矩简单地执行，而有的人则会有所创新，两种处理事情的方式带来的结果和层面是有所差异的。前者不会出现什么问题，但也不会有亮点产生。做事前"计划"与不"计划"，得到的效果也是不同的。任何事情只要事先进行科学、认真的谋划，那么成败很可能就把握在自己的手中。"谋"的作用极为强大，它可能会扭转定局，化不可能为可能。

（二）务实做事

古人云："天下大事必作于细，古今事业皆成于实。"务实就是要通过调查研究，深入实际，全面掌握真实情况，为工作或是困难的解决提供有利的依据。要想实招，就要在全面掌握实情的基础上，积极思考并分析问题，在不断的探究中，提出科学的、有效的、可行的解决问题的思路与方法；要干实事，拥有"不达目的不罢休"的精神，将全身心投入到工作之中；要求实效，要将精力集中在解决问题方面，不断推动工作，促进发展，同时要将解决问题、推动工作、促进发展作为检验工作效果的标准。

实干就是要付出实际行动，而不是纸上谈兵；集中精力落实工作，全身心谋发展，做到对自己、对他人负责，努力做好自己的本职工作，多做实事，同时注重过程与结果，踏实地走好每一步，认真做好每件事。

邓小平同志曾多次指出："世界上的事情都是干出来的，不干，半点马克思主义都没有。"优秀的人才和事业都是干出来的。如果想要取得进步，获得成功，就要埋头苦干，付出实际行动。这就要求我们必须接受价值观念的教育，做到不追求名利，能够耐住寂寞，始终将党的事业放在首位，竭尽自身的能力，为党和人民做贡献。

（三）高境界做事

拥有"满意不是标准，优秀才算合格"的高境界是用一流标准做事的重要前提。当一件事情需要解决时，我们要有干就要干好、干出成绩的精神与决心，做到让群众、领导、组织三者都得到认可。

高境界做事的人需要精神的支撑，否则难以将事情做到符合标准。在工作中，有了精神的支撑，人们便会持有"我要做"的工作态度，这能够有效地激发人们的创造性和积极性。工作的高标准能够使人们充满斗志，想要在工作上实现高标准，必须在精神上处于高境界，否则一定会导致工作标准的降低。人的潜能就像是隐藏在地下的煤炭，需要在适当的时机，使用适当的力度将它挖出来。一个人处于适合于自己的位置上，才能发挥其最大的作用。能够始终高标准做事的源泉就在于不懈的努力和崇高的境界。

高境界做事，必须精通本职工作，不断加强学习。如今的世界正在飞速地发展，大量新事物、新知识、新科学不断涌现，如果想要跟上时代的步伐，就要求在学习中更新我们的知识与观念，进而提高工作能力。由此看来，学习不仅是境界和修养，更是政治责任。

高境界做事还要求我们做事必须要专心。英国哲学家杜曼曾说过："如果你足够热爱自己的工作，即便是工作再累，你都不会觉得这是工作，而是感觉像是在做游戏。"美国哲学家爱默生曾说过："如果你从事的是自己足够热爱的工作，那么你就会获得成功。"入迷，就要热爱自己的岗位，将工作岗位看作服务群众、展现自我才华的平台；敬业，就要拥有强烈的责任感和事业心，将工作看作一项事业，岗位虽平凡，但要能够创造出斐然的成绩；奉献，就要不贪图名利，能吃苦，拥有甘心为人民服务的精神，将全身心投入到事业之中，在完成工作中实现自身的价值。

第二节　大学生职业素养提升之诚信品质

一、职场诚信的重要性

古训有之："人无信不立、业无信则衰、国无信则亡。"可见诚信在整个社会历史发展过程中都扮演着重要的角色。古往今来，诚信一直是时代进步和发展的题中之义。一个崇尚诚信的社会，不仅能够保证其经济秩序的和谐，也能够促进其整个社会生产效率的提高。改革开放以来，随着我国社会主义市场经济的纵深发展，职场诚信在行业和市场良性运作过程中的作用也越来越突显。

（一）员工的"第一张名片"

王俊翔是一家装修公司的油漆工人，他虽不善言谈，却是一个诚实的年轻人。因此，即使他的能力不是最好的，却依然得到老板的青睐。一次，老板派他给一户人家粉刷墙壁。出发之前，他向老板打包票说："放心！我一定会将工作完成。"到了客户的家里，他做得非常认真，眼看工作就剩下最后一点儿了。就在此时，他一不小心将刚刚刷好的墙壁弄脏了。他看了看这块污点，刚好在最不起眼的角落里，完全可以蒙混过关。但是，王俊翔并没有这么做，他又开始重新刷。等他都刷完之后，他做了一次最后的检查。突然发现，刚才重新刷的地方和别的地方颜色不一样。无奈之下，他又将房子全部重新刷了一遍。完成之后，他诚恳地向房主解释了其中的原因，希望得到谅解。房主笑着说了声："没关系。"

按理说，既然房主没意见了，王俊翔就不用将这件事情告诉老板了。但是，一回到公司，他就向老板说出了事情的原委。他原以为老板会对他非常失望，孰料，老板只是笑着说了声："我知道了！"王俊翔忐忑不安地离开了办公室，他不知道老板会做出什么样的惩罚。可是，一连两个月过去了，老板竟然还给他升了职、加了薪。一个偶然的机会，王俊翔将自己的疑惑说给了老板。"因为我在你身上发现一个无价之宝，那就是你的诚信。"老板说道。

思考题：如果你是王俊翔，你会怎么做？

事实上，对于企业而言，员工的诚信不仅能够为企业带来良好的声望，赢得更多的客户，同时也是企业社会责任感的体现，是企业参与社会精神文明建设的重要表现。因此，大部分企业对员工的职场诚信操守是十分看重的。根据美国波士顿大学教授托马斯·达文波的人力资本模型，人力资本主要由四个要素构成：知识、技能与才能的能力（ability）、过程执行方式的行为（behavior）、资源运用的努力（effort），以及所投资的时间（time）。该模型用一个公式来表示，即：

$$人力资本 =（能力+行为）\times 投入$$

在这个公式中，人力资本是由一个人的能力和其行为乘以该人在某方面所花的时间、努力等投入的总和。其中，所谓的劳动者的"行为"，则包含以职场诚信为核心要素之一的职业素养。学者邱克提出了人力资本的"3P4C"模型，认为人力资本核心竞争力等于职业能力（professional capacity）加职业信用（professional credibility）乘以投入职业素质（professional quality）和职业责任（professional responsibility），进一步明确了职场诚信的地位和价值。马云曾说："诚信不是一种销售，不是一种高深空洞的理念，是实实在在的言出必行、点点滴滴的细节，诚信不能拿来销售，不能拿来做概念。"员工的诚信职业素养是员工展现给企业的"第一张名片"，在首因效应的作用下，员工的职场诚信在员工的职业生涯中往往起到关键作用。

（二）企业的双赢攻略

游戏：四个人数平均的小组，每一组发有一张红牌、一张蓝牌。在裁判的命令下各组同时出牌，通过出示不同颜色的牌子来得到不同的分数，共出10次牌，比赛以得分最高者为胜。

得分规则如下：

（1）各组同时出红牌，各组减10分；

（2）一张红牌，三张蓝牌，出红牌一组得30分，其余三组各输10分；

（3）两张红牌，两张蓝牌，出红牌两组各得20分，其余两组减20分；

（4）一张蓝牌，三张红牌，出红牌三组各得10分，剩下一组减30分；

（5）同时出蓝牌，各组得10分。

思考题：你从这个游戏中得到了什么样的启示？

曾经有位年轻人向一位成功的企业家请教成功之道。企业家拿出了大小不等的三块西瓜，问年轻人："如果每一块西瓜都代表一定程度的利益，你会选择哪一块？"年轻人毫不犹豫地回答道："当然是最大的那一块。"企业家笑道："好，请用吧。"企业家把最大的那块西瓜给了年轻人，自己则拿起最小的一块吃了起来。

很快，企业家的西瓜就吃完了，接着他拿起桌子上的第二块西瓜开始吃，在吃之前，企业家将手中的西瓜展示给年轻人。这时年轻人才明白，虽然企业家拿的每一块西瓜都比自己的小，然而把企业家吃的西瓜加起来之后，却远远多于自己吃的西瓜。正如企业家所说，如果每一块西瓜都代表一定的利益，那么企业家所获得的利益要远远高于年轻人的利益。

不难发现，职业诚信不仅有利于提高企业的信誉，也有利于提高行业的整体竞争力。随着经济全球化的发展，现代市场的竞争要求行业具有较强的核心竞争力，能够经得起长远的市场考验，建立长期的经济发展目标。在知识经济时代，行业的核心竞争力已经从单纯地强调经济效益的增长，转变为重视行业的社会责任和行业信誉度。从经济学的角度看，信誉是在商品交换过程中，交易的一方以将来偿还的方式获得另一方财物或服务的能力。它的根据是获得财物或服务一方所作出的给付承诺。信誉是契约关系形成的基础，也是合作双方顺利交易的保障。在现代行业企业的市场运行中，信誉是最重要一项的资源，而且是一项独特的、不可模仿的和不可交易的资源。因此，强调职业诚信能够切实提升行业的形象和信誉，赢得消费者的认同和信赖，获取无形资产，实现企业间的双赢，为行业在市场中的长远发展奠定基础和保障。

（三）市场经济的"变"与"不变"

案例一：在雷曼兄弟公司破产事件轰动华尔街的背后，其做花账的非诚信行为也逐渐浮出水面。据了解，雷曼兄弟公司2001年开始诉诸"回购105"（企业把旗下资产转移给其他机构，从对方那里获取资金，约定晚些时候购回相应资产。这在资产负债表内属于贷款，表现为资产和负债均增加。但如果所售资产估值不低于所获资金的105%，则允许将这样的情况当作"销售"）这种手段，2007年下半年使用频率"急剧"增加。这家企业通常在一个季度即将结束时售出资产，财务报表编制完成后，再将资产购回，通过这种方式隐藏债务，降低财务杠杆比率，进而维持信用评级。雷曼兄弟公司2007年第四季度隐藏390亿美元"问题资产"，2008年第一季度隐藏490亿美元，同年第二季度隐藏500亿美元。

案例二：2008年中国奶制品污染事件是中国的一起食品安全事件。许多食用过三鹿牌奶粉的婴儿被检查出患有肾结石，随后在其奶粉中发现了化工原料三聚氰胺。根据公布数字，截至2008年9月21日，因使用婴幼儿奶粉而接受门诊治疗咨询且已康复的婴幼儿累计39 965人，正在住院的有12 892人，此前已治愈出院1579人，死亡4人，另截止到9月25日，香港有5人、澳门有1人确诊患病。这件事情引起了全世界的关注，对乳制品的质量和安全问题也是极为担忧。当国家质量检测总局对国内品牌奶粉的成分检测结果公布之后，事件的恶化程度达到了顶峰，蒙牛、伊利等众多品牌奶粉中都含有三聚氰胺。

作为现代市场经济良性运作的基石，职场诚信强调在不损害社会和他人利益的前提下追求自身的利益。随着经济全球化和信息化的深入发展，市场经济环境也变得日益复杂多样。在我国市场经济建立和发展的过程中，职场诚信失范带来的行业风险和信用危机也在很大程度上影响着社会主义信用体系建设和经济发展进程，是当前市场经济发展过程中的一个薄弱环节。因此，职场诚信建设还关乎市场经济大环境的建设与发展。

从公共管理的角度来看，政府的一项重要职能是全面有效地加强市场监管，确保市场经济活动和谐有序进行。改革开放以来，政府的市场监管已从微观管理转型为宏观管理，给市场经济的自主发展提供了很大的空间。但是在我国体制转轨和经济转型的重要时期，由于市场本身的不成熟和行政管理体制存在的弊端，现阶段政府的市场监管会遇到诸如分工细致但效果不明显等实际问题。对于此类问题，除了加快行政管理体制改革，从市场角度加强市场自身的职业诚信建设，在很大程度上能够和政府的市场监管形成合力外，还应该通过完善社会信用体系，刚柔并济地加强市场交易的信用条件和市场交易人员的诚信职业素养，以此来节约政府的管理成本，提高政府的监管效力，进而形成统一、开放、竞争、有序的良好市场秩序，推动社会主义市场经济的良性运作。

与此同时，职场诚信也有益于社会主义精神文明建设。新形势下，社会主义市场经济的发展离不开社会主义精神文明建设。换言之，营造和谐向上的职业诚信文化，完善社会信用体系也是社会主义精神文明建设的题中之义，是加强公民道德建设的前提和基础。在市场经济条件下，建设职业诚信文化，将诚信意识纳入市场经济建设的重要内容中去，构建行业文化中的诚信理念，提高职工的职业诚信素养是构建社会主义和谐社会的重要任务。

二、职业诚信的黄金法则

《中共中央关于深化文化体制改革、推动社会主义文化大发展大繁荣若干重要问题的决定》指出："把诚信建设摆在突出位置，大力推进政务诚信、商务诚信、社会诚信和司法公信建设，抓紧建立健全覆盖全社会的征信系统，加大对失信行为的惩戒力度，在全社会广泛形成守信光荣、失信可耻的气氛。"

马云说："小企业成功靠精明，中等企业成功靠管理，大企业成功靠的是诚信。"在现代市场经济条件下，随着社会分工的细化和复杂化，经济全球化的时代大背景中，各类经济现象也变得更为纷繁复杂。在商务谈判的过程中，是论结果不论手段，还是冒着失败的风险坚持以诚信为本；在金融业务办理过程中，是忠诚于服务对象，还是遵从公司经营过程中的"潜规则"等，都是当前建设社会信用体系、构建诚信的金融职业生态所必然要面对的"两难"问题和是非选择。

（一）破窗理论

破窗理论指的是如果建筑物窗户的玻璃被人为打碎，并且没有及时对损坏的玻璃进行修复，那么人们可能会因此而破坏更多的玻璃，最终造成一种无序的局面。如果一家企业违约，不遵守信用，而没有受到惩罚和及时制止，其他企业就会得到可以违约的暗示或纵容，产生"搭便车"的心理，久而久之，就会导致社会信用环境的无序，形成较为普遍的赖账问题。

安然公司在2000年位列"美国500强"的第七位，是当时赫赫有名的"能源帝国"。2001年10月16日，安然公司宣布公司第三季度的亏损值，标志着"安然事件"的开始，引起了各界媒体的关注。同年的12月2日，安然公司正式向法院申请破产保护，破产资产高达498亿美元，是美国有史以来最大的破产企业。直到次年的一月，安然股票正式被剔除，并停止相关交易。仅仅两个月的时间，世界上最大的能源公司彻底崩溃，这件事情令人难以置信。

多年以来，安然公司的审计师一职一直由安达信公司担任，不仅为公司提供了审计服务，还提供了很多非审计服务的工作，费用也是远远高于审计服务。由于这一原因，安达信没有及时发现安然公司舞弊的情况让人们感到疑惑。在2002年1月，安达信销毁安然公司审计档案这一事件的发生，使人们的疑惑得到了证明。这样一来，安然公司的丑闻便不断向审计丑闻转移。2002年10月，安达信公司因妨碍司法调查的罪名被判罚50万美元，5年之内不得从事业务。

安然事件上演了一场举世震惊的金融信用体系崩塌的案例，也再次警醒世人，如若信用大厦的破窗没有得到及时修复，便会为破窗理论的作用提供路径依赖。据2004年商务部企业信用体系研究结果显示，我国企业因信用缺失而导致的直接和间接经济损失高达5855亿元，相当于年财政收入的37%。因此，金融从业人员的道德品质和职业操守正是修复破窗的黏合剂，是防范金融风险的关键。金融从业人员要站在长远的角度坚守住自己的诚信底线，间接支撑整个金融业的良性运作和长远发展。

（二）刺猬法则

刺猬法则来源于两只刺猬的故事。寒冷的天气使两只困倦的刺猬相拥在一起，但由于他们自身的特性，不得不使他们保持一段距离。但天气过于寒冷，他们还是选择了凑在一起，在无数次的尝试之后，两只刺猬终于找到了一个合适的位置，使他们两个既能够不扎到对方，又能够相互取暖。随着市场经济的发展，金融业的竞争愈演愈烈，金融业所讲求的诚信法则，并不是一味地"对谁都相信，对谁都和盘托出"的原始观念中的诚信，而是在建立信用体系基础上，以信用规则为基础的金融诚信。

香港金管局曾对外披露，有6家银行将超过60万名客户的资料泄露给非关联的第三方。据香港媒体援引金管局副总裁阮国恒的发言称，在此次的"泄密"事件中，受影响客户包括一般存户和信用卡客户，而接受资料的公司包括四五家保险公司。银行人士介绍，在银行系统，个人信用信息查询权限应该是开放给每个分支行的客户经理的，每家支行都有单独的接口接入央行。银行查个人信用报告最多的就是在办理信用卡、放房贷时。但是，查询个人的信用报告必须得到本人的授权和同意，否则就是违规。

《刑法修正案七》中明确规定：金融单位的工作人员，违反国家规定，将本单位在履行职责或者提供服务过程中获得的公民个人信息，出售或者非法提供给他人，情节严重的，处三年以下有期徒刑或者拘役，并处或者单处罚金。而《江苏省信息化条例》中明确提出：非法披露、出售、提供信息，或者以窃取、购买等方式非法获取信息的，对单位处以十万元以上五十万元以下罚款，对个人处以一万元以上五万元以下罚款。

金融业由于涉及资金的融通和管理，其很重要的一条行业操守就是保密原则。诚信意味着对客户的忠诚，而不是对所有人的忠诚。金融业的诚信是相对的，而不是绝对的。然而在当前的金融业实际运作过程中，银行客户信息泄露案件仍然屡见不鲜。一些银行从业人员抱着侥幸心理将客户信息卖给保险公司，或有客户信息需求的公司，认为此种营利行为并不会对客户产生很大的危害，却不知自己的行为已经构成了违规。

众所周知，金融业具有指标性、垄断性、高风险性、效益依赖性和高负债经营性的特点，涉及范围广，对个人、单位、国民经济都有影响，是巨大金额资金的集散中心，无论是哪一个决策环节出现问题，都会导致相关联的各个环节受到影响。金融业的刺猬效应告诉我们，诚信坚守和信用体系的建立有一定的条件和规则，这些条件和规则的设立，保证了金融业的顺利运作和市场经济的稳健发展。因此，在金融业中，保密并非不诚信，诚信并非要和盘托出。在金融信息的沟通过程中，应该保持刺猬法则中的适度距离，保障金融业的安全，促进金融业的繁荣和市场经济的健康发展。

（三）最大诚信原则

最大诚信原则主要是根据保险业而设立的。最大诚信原则指的是当事人签订合同以及在合同有效期范围内，应当依法向对方提供能够影响对方作出订约与履约决定的全部实质性重要事实，同时必须信守合同内的承诺与约定。最大诚信原则的内容主要通过保险合同双方的诚信义务来体现，具体包括投保人或被保险人如实告知的义务及保证义务，保险人的说明义务及弃权和禁止反言义务。

某一农场与保险公司签订了一份有效期限为一年的汽车保险合同。农场将拥有的60辆车全部一次性投保，共付保险费用92 600元。合同严格规定保险公司在规定的时间和程序内，有权对汽车的安全性进行检查。在合同的有效期内，保险公司曾多次提出要对汽车的安全性进行检查，但却遭到了农场的拒绝。实际上，仅从外观上就能看出农场的车辆在安全方面存在很多问题。保险公司通过书面建议农场将8辆问题较大的汽车停产，进行修理，故提起诉讼。农场依旧对此不予以理会。在随后的一个月，有两辆汽车发生了交通事故，损失费用共计12万元。农场便根据合同上的规定向保险公司索赔。但保险公司认为，出事的汽车是向农场提出需要停产修理的两辆车，农场却不听从建议，因而导致交通事故的发生，保险公司不应进行赔付。农场则认为汽车的修理与否是自己的事情，保险公司不应对此进行管理。根据合同的规定，车辆损坏，保险公司应当进行赔付。

各家对于这件事情的观点是不同的。观点一：保险合同是最大的诚信合同，对车辆进行安全性的维护是农场的义务。农场不仅不让保险公司对车辆进行安全检查，还拒绝了保险公司提出的建议，因而导致了车辆损坏。农场没有遵守诚实守信原则，保险公司对此可以拒绝赔付。观点二：农场已经为车辆投保，在合同有效期内，对于车辆的损坏，保险公司应当予以赔付。而车辆的维修问题是农场的事情，保险公司无权干涉。

思考题：你如何看待以上案例，你的观点是什么？

博弈论表明：诚实信用是获取最大利润的前提和保证。保险公司作为商事主体，只有多次交易、重复交易，才能实现赢利的愿望。失信或弄虚作假只能得益于一时，而终将失去客户、失去市场。毋庸置疑，诚实信用是保险业生命力的源泉。保险业领域中，最大诚信原则的确立，确定了诚实守信、以善意方式行使权利和履行义务等行为规则，在一定程度上平衡当事人之间的各种利益冲突和矛盾，也起到了解释法律和合同的作用。

三、职业诚信的培育

成功的路上会有很多坎坷，追求成功的道路也是迂回曲折的，因此在每个阶段都应该小心翼翼地前进，经受住成功道路上的各种诱惑，只有这样才能赢得最终的胜利。而那些为了眼前利益而放弃长远利益的人始终无法得到成功的机会。（《员工诚实守信教育读本》）

作为现代市场经济的理念内核和知识经济时代的客观需要，职业诚信素养的习得和践行变得尤为重要，这既是塑造健康人格的重要途径，也是建立良好的信誉资源、提高员工就业竞争力的关键。党的"十八大"明确指出，全面提高公民道德素质是社会主义道德建设的基本任务。这其中，大学生群体作为社会主义事业的合格建设者和可靠接班人，理所应当成为职业诚信素养的践行者和传播者，为社会主义信用体系建设和市场经济的健康发展贡献出自己的一份力量。

走出"非黑即白"的典型困境随着诚信在企业生存发展过程中扮演着越来越重要的角色，企业开始越来越重视对员工诚信的管理，在这之中，管理模式也存在着合规和超合规等方式。一般而言，选择合规式诚信管理的企业往往是一种基于法律底线规定的"自上而下"的显性管理模式，通过企业规章制度的制定，来惩戒员工非诚信行为的发生；超合规式的诚信管理是指在规章之外，结合企业特定的文化元素，通过企业文化的熏陶、企业诚信氛围的创建等方式，对员工进行潜移默化的、适宜于企业文化的诚信素养培育，从而达到"润物细无声"的效果。

一家公司最近颁布了一项规章制度，规定公司员工如盗窃公共物品应受到惩罚。条例公布的当天，公司发现小张在前一天离开公司时，从公司下属工厂偷了一盏废弃灯管。小张通常乐于在工作中帮助人，待人友善，与同事相处融洽。事件发生后，大家都为小张开口求情，希望领导能网开一面，看到小张对自己的工作很认真，以前在工厂失火时也在救火，所以请求不要解雇小张。这时，领导陷入了进退两难的境地。"如果你不开除小张，你刚推出的公司的规则就成了摆设，那么作为一个领导者的威望在哪里？如果你解雇小张，大家对公司有很大的意见，如何安抚员工的情绪？"

思考题：如果你作为该公司领导，会做出怎样的选择？

在诚信管理方式的选取中，现代企业更倾向于选择存在对话空间的企业诚信文化创设，从而走出单一的规则管理所容易涉及的"非黑即白"的尴尬境地。与此同时，随着市场经济的发展，经济环境变得日益复杂，诚信的内涵和外延也随着时代不断得到更新。通过企业诚信文化建设的模式培育企业诚信，能够为企业诚信的培育创设开放性、创造性的可能。这种人性化的管理模式为员工创设了一个学习、发展和提升的机会，而不会天天担心被公司"一票否决"，也为跨国企业诚信文化的对话提供了机会。

在选择真诚的管理方法时，现代公司倾向于创造一种真诚的企业文化，在这种文化中存在对话空间，并打破"非黑即白"的尴尬局面，在这种尴尬局面中，单一的规则管理很容易产生关联。与此同时，随着市场经济的发展，经济环境变得越来越复杂，真诚包容和对外扩张正与时俱进。通过一个公司的诚信文化建设模式，就有可能培养公司的诚信，也有可能创造开放性和创造性来培养公司的诚信。这种人性化的管理模式为员工创造了学习、发展和提高的机会，但他们并不担心每天都被公司"拒绝"，并为跨国公司之间真诚的文化对话提供了机会。

（一）管理"最重要的环节"

提起茅台酒大家都不会陌生，对于消费者来说，茅台是一个家喻户晓的高端优质白酒品牌；对于世界来说，茅台是中国的一张名片。茅台之所以在国际社会和国际市场上享有较高的知名度，其根源在于自身的信誉、百年不变的优异质量。有一次，一位记者采访茅台集团董事长季克良："集团能够享誉世界的秘诀是什么？"季克良笑着说："没有任何秘诀。但我可以说一个事实，我大学毕业到茅台工作已经40多年了，几十年来倾注心血最多的一件事就是确保茅台酒的质量。公司里的每一个员工都时刻把质量作为一个重要理念，为的就是保证酒的质量。市场经济是信用经济，在信用经济条的件下，质量为天，诚信当先。

某企业招了一批员工，经过体检、业务培训、军训等程序之后，分配到单位上班。但是为了让员工能够适应工作而不随便跳槽，企业在给新员工发放劳动保护品时让其缴纳一定数量的押金。对此，很多员工议论纷纷，很多人表示，这是公司不相信人的表现，他们一致认为，既然公司如此不相信他人，那么公司本身也一定没有诚信可言，答应的各种待遇也不一定能够兑现。我们作为员工更没必要将自己的全部精力奉献给公司。正所谓："人当我是人，我当人是神。"既然人家如此不尊重自己，自己就完全没必要忠诚于公司。还有一部分员工当场决定离去。

综上所述，行业诚信建设需要在具体诚信建设过程中，从员工个人到整个企业，贯穿整个社会信用体系，把握主要矛盾和重要环节，将重要环节的诚信建设与公司发展的愿景相结合，强调诚信文化建设的连续性。在这一过程中，有必要考虑诸如"公司的高级管理层有改动的话，公司的诚信文化不会改变"和"公司的诚信文化如何在整个企业文化中扎根"等问题。企业的具体情况和企业不同。在第一个故事中，茅台公司是外面有名的白酒制造商，在公司的管理过程中，质量始终是诚信建设的重要一点。在第二个故事中，公司的员工还没有招到，何谈质量的问题。那么，如何维护人力资源、如何诚信待人，是诚信建设的一个重要方面。

（二）明晰企业责任和利益的边界

如今的市场经济环境越发复杂，企业的社会责任和利益目标正向着统一趋势发展。企业要在社会上长久立足，在考虑到其获利的同时，更要注重企业的社会形象和信誉。企业要清晰地明确自身利益与责任的界限，并在动态中寻求二者的平衡点。

富士康科技集团创立于1974年，是台湾鸿海精密工业股份有限公司在大陆投资兴办的高新科技企业，从事的产业主要包括消费电子、通信、汽车零组件等。富士康凭借其专业的制造、超前的决策，并依附于科技的发展，在短时间内得到了迅速的发展，成为全球最大的电子产业专业制造商。

从2010年1月23日19岁的员工马向前在富士康华南培训处的宿舍里跳楼身亡开始，到2010年5月27日凌晨为止，在短短4个月的时间里，富士康共有13名员工自杀，造成10死3重伤的严重后果。在这些自杀的员工中，最大的24岁，最小的只有18岁。

能源公司希望在北极圈建立管道的项目在最近几十年已遭到来自不同利益团体持续的反对，其中包括拥有合同利益和官地利益的土著团体，以及环境激进团体。为投资者提供服务的非本地承包商发现，他们不得不面对对项目影响最大的、愤怒的当地人。当地工人与"进口"劳动力和供应商之间原本就存在矛盾。可能直接受益于该项目的当地社区与投资可能产生负面影响的非当地极端组织（如野生动物保护组织）之间也存在潜在冲突。

由上述案例可见，在企业的生存运作过程中，并不是孤立的，而是与内部员工和外部竞争者的利益紧密联系在一起的。这些利益相关者既包括企业的内部员工，也包括企业的外部合作对象，以及企业为了长远发展所需要关注的整个市场经济。如何保证利益相关者的利益期望得到满足，是企业在运作过程中需要考虑的重要问题。因此，需要明晰企业的利益和责任边界，也就是眼前利益与长远利益之间的关系，以长远利益为出发点和落脚点来进行职业诚信建设，保证企业本身的长足发展，以及整个市场经济的可持续发展。

第三节　大学生职业素养提升之团队精神

一、高效团队

（一）高效团队特征

高效团队有以下多个特征如图2-3-1所示。

图2-3-1 高效团队的特征

1. 清晰的共同目标

一个高效团队，首先要有明确的共同目标，这是保持团队内部平衡、迅速稳定前行的基础。任何决策和手段，以及团队中的个人，都要紧紧围绕这个共同目标而行动。一个无明确方向和领导的团队，极易崩溃于内耗之中。清晰的目标能够使个体所关注的重心得以明确。在团队中，成员们共同为一个目标所努力，他们明白团队想要自己做什么，同时知道成员之间应当怎样协作，进而更好地实现目标。

团队的共同目标使团队之间产生了一种必然的竞争状态。也正是这种竞争状态，使得团队之间形成壁垒，并强化团队成员的内部认同与协作。

2. 成员的相关技能

成员强有力的工作能力是团队高效性的重要保障。团队成员应当具备实现目标所需的技能，以及成员间良好的协作能力。

成员之间有一些技能高度互补，这样可以促使任务更好地达成。这就犹如一个交响乐团，每个人各司其职，最终的结果便是一曲美妙的音乐。

3. 成员间相互信任

高效团队所具有的最明显特征就是成员之间能够互相信任，换句话说，每个成员都信任同事的能力和品格。但是信任的建立需要一个长期的过程。

4. 团队内部的承诺

高效团队中的成员具有较强的团队归属感，忠诚于团队，并甘愿为团队奉献，并能够彼此亲近。而且人生许多美好的时光，正是在团队中度过的。那些能够带来美好时光的团队，一定是具有较好内部承诺的团队。

5. 内部良好的沟通

团队成员之间以他们可以清晰理解的方式传递信息，这些信息包括语言与非语言的信息。这些沟通还表现为成员彼此之间积极地反馈和互动。

6. 成员的谈判技能

作为一个团队整体，内部分工经常并非如岗位职责般清晰。因此，需要团队成员之间达成一种比较默契的分工，为此需要成员具有谈判互动技能，以达成任务的合理分工。

7. 团队恰当的领导

强有力的领导者可以为团队增添凝聚力。

8. 内外部适当支持

巧妇难为无米之炊，因此团队绩效的达成，需要获得来自外部的支持。这里的外部包括团队所在组织、所在集团。内部的支持则表现为一套合乎团队特征的管理规范、评估和激励体系，从而使团队成员达成自组织状态。

团队精神不是一种口号，而是每个队员对于某些问题的共同价值观以及在关键问题上的一致理解与行为。1894年，李鸿章的北洋舰队与日本作战。北洋舰队作为一个团队，需要得到当时清政府这个大组织的支持。然而北洋舰队被日本全线打败后，清朝皇族却拍手相庆，说是终于消灭了汉人的军事实力。作为清政府军事力量的一部分，北洋舰队只有获得内部的鼎力支持，才有可能产生巨大的力量。

总之，高效团队需要发挥成员间的能力，用"加法"甚至"乘法"的效果，最终达成产量、效率、产出率等方面的巨大收益（如表2-3-1所示）。

表2-3-1　有效团队的收益表现

工作角度	行为角度	成员角度
产量高：总成果多 效率高：单位成果多 产出率高：单位产出消耗少 质量好：产品好、服务优	顾客满意度高：达到或超过顾客期望 交流更通畅：有益的互动及信息共享 创新 参与度更高	凝聚力：感到成员之间同心协力 参与感：归属团队，对团队有贡献 自豪感 身份认同

（二）高效团队中的个人能力

从上面的高效团队特征可以看到，团队是通过机制把人的价值最大化协同，以获得比单独个体更多的价值产出。在这种互动协同过程中，个体获得的不仅仅是更多的成果共享，而且还有协作中的归属感与人际价值实现。

每个人都有不同，但在一个团队中需要彼此之间的协作（图2-3-2）。

图2-3-2　每个人都是成功不可缺少的

一方面，在团队中的个人需要有理解、共情、宽容与沟通的能力；另一方面有效的团队也可以促进个人能力的提升。

理解：就是明确人与人之间的不同，能够公平公正地彼此对待。

通情：通过"站在别人的角度与立场上思考"来达成对他人观点的理解。

宽容：要以开放的心态面对别人不同的价值观、态度和行为。

沟通：开放的沟通是必需的，只有通过沟通才能化解彼此的矛盾，使问题被及时处理。

以上几点，特别强调了团队合作中的人际互动。同时一个团队的效率，还依赖于团队成员对任务的关注与投入。而以下测验（表2-3-2），即从人际与任务两个层面进行了团队能力测定。

通过个体在团队中的工作任务完成导向与团队人际促进导向，对人的团队能力做出简要评估（表2-3-2）。同时也可以明确进一步提供的方向。

表2-3-2　团队能力自测

	总是这样	经常这样	有时这样	很少这样	从不这样
1. 我提供事实和表达自己的观点、意见、感受和信息，以帮助小组讨论。（提供信息和观点者）	4	3	2	2	0
2. 我从其他小组成员那里征求事实、信息、观点、意见和感受，以帮助小组讨论。（寻求信息和观点者）	4	3	2	2	0
3. 我提出小组后面的工作计划，并提醒大家注意需完成的任务，以此把握小组的方向。我向不同的小组成员分配不同的责任。（方向和角色定义者）	4	3	2	2	0
4. 我集中小组成员的相关观点或建议，总结、复述小组所讨论的主要论点。（总结者）	4	3	2	2	0
5. 我带给小组活力，鼓励小组成员努力工作以完成我们的目标。（鼓舞者）	4	3	2	2	0
6. 我要求他人对小组的讨论内容进行总结，以确保他们理解小组决策，了解小组正在讨论的材料。（理解情况检查者）	4	3	2	2	0
7. 我热情鼓励所有小组成员参与，我愿意听取他们的观点，让他们知道我珍视他们对群体的贡献。（参与鼓励者）	4	3	2	2	0
8. 我利用良好的沟通技巧帮助小组成员交流，以保证每个小组成员明白他人的发言。（促进交流者）	4	3	2	2	0
9. 我会讲笑话，并会建议以有趣的方式工作，借此减轻小组中的紧张感，增加大家一同工作的乐趣。（释放压力者）	4	3	2	2	0
10. 我观察小组的工作方式，利用我的观察去帮助大家讨论小组如何更好地工作。（进程观察者）	4	3	2	2	0
11. 我促成有分歧的小组成员进行公开讨论，以协调思想，增进小组凝聚力。当成员们似乎不能直接解决冲突时，我会进行调停。（人际问题解决者）	4	3	2	2	0
12. 我向其他成员表达支持、接受和喜爱，当其他成员在小组中表现出建设性行为时，我给予适当的赞扬。（支持者与表扬者）	4	3	2	2	0

二、团队精神

简单说，团队精神就是协作精神、服务精神以及大局意识三者的集中体现。团队精神在价值观或奋斗目标上是统一的，同时需要统一的文化理念，并在相互信赖、适当的协调与引导下进行。团队精神突出的是成员之间协作的态度，成员认同团队目标，并愿意贡献自己的力量。

团队精神是带有个性化因素的，但也是可以在团队中加以磨炼调整的。在团队中，对人的团队精神的改变最有力的就是团队成员之间彼此的信任感。团队内部的信任气氛受到管理人员行为以及组织文化的影响。提升成员的自主性与参与性，以及组织内部协作、开放、诚信的精神有利于诚信的工作环境的形成。

（一）团队信任

团队规范可以通过讨论与会议的方式形成，但规范变成习惯，并促使团队成员彼此之间产生信任却还需要一个发展的过程。

研究表明，信任有一个连续的发展过程。信任不断发展到更高阶段时，团队内部信任会表现出一些强的韧性。此时，信任程度加深，偶尔的信任破坏也很容易修复。就发展的阶段而言，随着信任开始是一种"计算型信任"，即被信任方会仔细计算：如果自己得到对方的信任，会有什么收益；如果自己失去对方的信任会承担什么后果。在这种信任模式下，信任方高度重视被信任方的行为表现，计算因为信任他人而可能带来的收益与风险。信任方只有在确认信任对方会给自己带来净收益时，才会选择信任对方。

随着时间进展，成员之间交流增多，信任越来越不用做特别的检验，这样彼此之间的信任程度就会得到加强。"计算型信任"在很大程度上属于理性的范围，其基础是被信任方的一贯表现和可靠程度。随着这种可靠程度越来越强，成员间的信任就可以发展到最高的水平，即"认同型信任"。在这个阶段，双方完全了解彼此的需求和愿望，非常信任对方。他们知道对方最关心什么问题。在这个阶段，双方认同彼此的价值观，能够建立起情感联系。

与计算型信任相比，认同型信任有更多的情感因素，双方更加关怀彼此的需要，并努力去满足对方。在团队中建立起认同型信任，则团队关系会非常牢固。团队成员彼此信任，也相信团队整体的决定。这时，给团队成员安排合适的角色，成员就容易接受并胜任。

（二）大局意识

大局意识就是把自己的利益需求与团队利益目标放在一起考虑的意识。因为在团队中，每个人的价值判定最终是以团队成果为大前提的。因此，自身利益的达成，需要在团队利益达成的基础上才可能实现。以这样的思考方式实践，就需要在个人利益与团队利益有冲突时，对个人利益做出适当照顾。

（三）协作精神

团队需要用心维护三种关系：成员之间的关系、团队与成员间的关系、团队与客户间的关系。如果团队成员能够站在对方的位置上思考，争取理解对方，那么他其实就是在用自己的行动向对方证明彼此的关心。这种换位思考就是协作精神的内核。如果团队成员都能够认识自己的情绪，并进行换位思考，那么就可以使团队有一种协作的精神状态。因为换位思考其实体现的就是一种彼此的尊重。每个人都希望被尊重，而且受到尊重会使人有更强的自信心和更稳固的团队成员间关系。

在培养作为一个团队成员的协作精神方面，可以从以下这些行为入手。

（1）争取理解他人，并加强沟通以确认自己的理解。

（2）以他人的思路为导向，使信息传达更易于理解。

（3）感人之所感。

（4）用心倾听。

团队成员只有做到了换位思考，成员间才会有良好的关系；而只有具备良好的关系，团队才能提高效率。自然，以下行为其实是与换位思考背道而驰的。

（1）在听别人讲话时，脑子里想着自己要说什么话。

（2）别人还没有说完，就提出自己的建议。

（3）只喜欢听表扬自己的话，忽视不喜欢的谈话内容。

（4）在听别人说完之前，就在大脑中形成思维定势。

（5）无论别人说什么，都只想着自己的观点，不能理解说话人的表达背景。

（四）服务精神

团队内的服务精神其实就是一种大客户中心观念。因为在团队中，成员之间彼此协作，这时协作方都是彼此的客户，需要从对方的需求出发，最大限度地满足"客户"需求。所以，服务精神的本质就是一种客户中心意识，随时反思自己的"客户"价值实现状态。只有团队内部有这种深入的彼此服务精神，才有可能使团队呈现出一种有效的客户服务风格。

身在团队中的个人，需要从上面三个大的方面来强化、主动培养自己的团队精神。而如果发现出现以下迹象，则表明出现了团队精神的破坏力量，需要警觉，并做出适当的调整。

（1）爱拨弄是非的人，对别人的事喜欢打听、传播的人；

（2）好贬低别人显示自己高明的人，个人风头主义（英雄主义），趾高气昂，打压他人，不可一世；

（3）喜欢拉帮结派、制造矛盾或煽动事端的人；

（4）幸灾乐祸，以别人的失败为自己成功的人（故意不配合、拆台）嫉妒、排斥他人、爱说风凉话。

以下情况需要迅速自我调整。

（1）别人好了，产生嫉妒，而不是力争上游、你追我赶；

（2）自己的事和大局的事之间摆不正关系；

（3）斤斤计较，不能说服自己，或者拈轻怕重；

（4）高高在上，自命清高，不能摆平自己的心态。

个人可以考虑在以下方面，强化自己的团队精神（表2-3-3）。

表2-3-3　团队精神强化的主题

	主题	
1	用心把事做好： 复制职业化的思维	（1）态度与能力 （2）态度决定一切 （3）建立自信心 （4）阳光思维 （5）心怀感恩 （6）七大成功信念
2	像个做事的人： 塑造职业化习惯	（1）习惯的建立 （2）兑现承诺的习惯 （3）有责任心的习惯 （4）节省费用的习惯 （5）尊重自己的习惯 （6）敢于冒险的习惯

续表

	主题	
3	具备做事的能力：训练职业化工作技能	（1）鱼一样快乐的工作 （2）职业发展的四个阶段 （3）自我经营评估 （4）控制情绪的方法 （5）快乐工作的方法 （6）建立自己的影响力
4	掌握自己的工作：创造时间的价值	（1）你的时间价值 （2）时间的特性 （3）时间管理矩阵图 （4）拖延时间的借口 （5）时间不够用的原因 （6）有效利用时间的技巧
5	职业化沟通技巧：能与他人协调共事	（1）沟通的理解 （2）沟通的三个过程 （3）5种沟通的思维 （4）常用的沟通策略
6	职业化的工作底线：顾客价值、提供结果	（1）企业存在和发展的根源 （2）企业竞争力 （3）关注顾客的价值 （4）客户关系图 （5）SIPOC系统观 （6）工作的七大意识
7	做团队的欢迎的人：共建团队的价值	（1）建立工作团队 （2）团队发展曲线 （3）集思广益的团队原则 （4）与上司的相处之道 （5）建立良好的人际关系

第四节　大学生职业素养提升之服务理念

服务无处不在，我们每一天的工作和生活都在经历着各式各样的服务。我们是消费者，同时也是服务提供者。每一个企业也同样如此。因此，我们非常有必要去弄清楚什么是服务、怎样服务、如何更好地服务。

实用成功学创始人邹金宏曾说过："企业的生命、创造利润的法宝以及竞争的雄厚资本都是最佳服务，而这一切主要来自科学管理和员工的努力。"

一、服务是什么

（一）相关概念

马克思在其经典论著里对于价值和商品给出了这样的定义。

（1）价值，是凝结在商品中无差别的人类劳动或抽象的人类劳动，是商品的社会属性，是商品经济最基本的范畴，本质上是人与人之间相互交换劳动的关系。

（2）商品，是用来交换的劳动产品，具有使用价值和价值两个因素。商品可以是符合定义的有形产品，也可以是无形的服务，是以提供劳动的形式满足他人某种特殊需要。

（3）企业，指的是以盈利为目的，通过各种生产要素的应用，向市场提供服务或商品，在经营方式上，实行自主经营、自负盈亏、独立核算，是一个具有法人资格的社会经济组织。

接下来，我们看一看最近发生的一件新鲜事：500强白领网上卖包子。"亲，在手机APP上可以订购包子哦！由500强白领亲手制作，还送货上门！"成都的韩小姐刚刚来到办公室，就接到了这样的电话。毫无疑问，她收到的是一份网购包子。近期，网购包子在成都白领中盛行起来。在手机APP上进行预订，很快就会收到一份送货上门并且是货到付款的包子。

原来，从该店官方微博公开的信息了解到，店主袁先生和搭档小美（化名）都曾供职于大企业。80后的袁先生有着IT从业背景，曾是企业的科研人员，月薪过万，小美之前也曾供职世界500强，职位是高级策划，辞职后，他们决定干一件真正被需要的事——卖包子。他们的包子铺与众不同，使用APP预订、货到付款的销售方式。由于包子铺刚刚成立，为了保障包子的质量和送货时间的准确，当前的供货范围仅限于成都高新区天府软件。

韩小姐说："您这用APP卖包子呢，真是紧跟时代的潮流啊！"这家包子店研发了自己的APP，能够通过手机在网站上直接预订，购买者只需选择自己要买的包子后，将电话与地址准确填写，快递员就会将包子送货上门，送到后再进行付款，和其他的网购没有差别。

除了这种新颖的销售方式，与一般的包子不一样的还有，这家店在每一个包子上都用红色的糖盖上程序员语言的印章，如"PHP""JAVA"等，味道甜甜的。很多购买者在微博上给予好评，老顾客还常常被评为VIP客户，在新品种的测评以及买包子时都会给予一定的优惠。

目前，这家采用网络营销的包子铺自开业以来生意水涨船高，从刚开始每天卖100个，到300个，再到500个，现在生意非常火爆，有时包子在早上11点就被预订一空。

普通的包子铺是传统的店面经营，而案例中的白领老板的包子铺是网络经营；普通的包子铺是传统的店面售卖，买卖必须要在店铺发生，案例里面的白领老板的包子铺可以网络订购、送货上门；除此之外，这家白领老板的网络包子铺还提供免费送货、货到付款、包子上加盖可食用"JAVA""PHP"等程序员语言印章，VIP客户还享有一定的优惠服务。

试想一下：如果包子还是那些包子，改为传统店铺经营，会有现在火爆的生意吗？这又是为什么？

其实这家网上包子铺成功的秘诀在哪里呢？服务！还是服务！

网络预订、免费送货上门、货到付款、15分钟保证到货、VIP享受优先评测新品种和买包子获赠零食，还有针对顾客群开发的包子上加盖可食用"JAVA""PHP"等程序员语言印章等多种服务是赢得生意的法宝。换句话说，他们通过在包子这个有形的产品上，赋予消费者更多的服务，获得了盈利，创造了价值。

由此，我们可以得出结论。

（1）服务是一种商品。

（2）服务无形，但同样可以创造价值。

（3）提供服务可以获得盈利。

（二）服务的定义

在历史上，对服务的定义最为常见的一种方式，是通过排他性的方式来说明"服务"，这可以被视为一种统计定义，就是将一切不属于产品生产的经济活动都定义为"服务"。因此，提到服务我们很少会联想到第一产业和第二产业。

从20世纪70年代开始，大量有关服务行为和服务企业的研究成果问世，出现了第二类对服务定义的方法。这类定义主要是从服务的本质出发，也就是通过性质来进行定义，服务就是指有某些性质特征的交易，如非实物性就是服务的本质特征之一。

简要地归纳学界各种对服务的界定，本书认为"服务"应该达到或超越客户的期待。这一定义包括以下三个概念。

首先是客户的期待，主要是指客户对待服务的心理感觉，也是客户的主观因素，即对事情的满意与否；此外，满足客户的利益需求属于客观因素。

其次是达到，也就是说，满足客户的心理期待和客观需求。

最后是超越，意思是要做到最好，只有达到是不足够的，应当超过客户的期待。

二、服务为什么很重要

其实在上文"500强白领网上卖包子"的案例中，我们就感受到了服务的力量，下面我们再来看一个案例，更多地了解一下服务重要性的原因。

故事一：陈先生每月都要去某银行存钱，接待陈先生的一般都是服务人员小李，小李每次都是先向陈先生微笑，然后接过其现款和存折，帮陈先生把钱存好，并祝其有愉快的一天。

有一次存钱时，接待陈先生的服务人员换成了小王，小王面带微笑接过陈先生的现款、存折，当知道陈先生是一位忠诚客户之后，说："陈先生，如果您每个月继续到这里存同样数额的钱，我会介绍一种特别为每个月固定存款的客户而设立的账户，这种账户能够为您带来更高的利息。"陈先生听后非常高兴，很快就答应了，随后还将手头上的其他钱款带到这家银行，办理了小王介绍的银行产品，并且之后经常向周围的亲戚朋友宣传这家银行，带来了很多新的客户。

在上面的案例中，小李的服务不好吗？不是。只是小王的服务更好！

小王的服务中不仅有常规服务，还能针对客户的情况，站在客户的立场上为客户着想，为客户的利润和财富着想，介绍了对客户更有价值的银行产品，成为客户认可和信任的绩效伙伴。所以，小王通过一次高质量的服务征服了客户，并因此由这一位客户带来很多新客户。通过小王的高质量服务，企业赢得了更多的利润。

现在，让我们来看看在世界范围内服务是如何创造价值、如何崛起的。

随着时代的发展，企业管理和科技水平迅速发展，消费者的购买能力逐渐增强，人们的需求也在不断地改变，在这样的时代背景下，价格以及产品的质量不再是市场上的竞争焦点，服务取而代之。世界经济逐渐向"服务经济时代"过渡。西方国家已经通过为客户提供服务产品而获取了巨大的利润。

故事二：美国IBM公司公总裁说："我们卖的不是电脑。而是服务"，并公开表示公司是为客户提供满足需求的服务的。

美国电话电报公司从1974年开始，一半以上的收入来自向顾客提供服务。1982年，美国有10家工业公司脱离《财富》500强企业的行列，变成服务性公司。1989年，在对客户从一家企业转向另一家企业的原因进行调查时发现，转向的原因并不是由于产品的质量或价格问题，大部分是因为服务问题。

美国一家销售公司通过计算发现，公司的销售额会随着服务质量的提高而增长。

从世界经济发展的历史来看，国民经济的第一大产业必将由工业和农业过渡到服务业。对于一个地区或国家市场经济发展水平和生产社会化程度的衡量标准也将成为服务业发展水平，当今世界经济日渐呈现出服务经济的特点，服务成为发达的市场经济中生产劳动的重要形式，服务业也将成为全球第一大产业和推动市场经济持续发展的重要动力。

那么，在进入"服务经济时代"的当下，我们非常有必要去了解一下服务业的"前世今生"。

（一）产业结构变化：第三产业和服务业的发展

第三产业，又称第三次产业，这一名词由英国经济学家费希尔于1935年在《安全与进步的冲突》一书中首先提出来。第三产业主要是指不生产物质产品、主要通过行为或形式提供生产力并获得报酬的行业，即俗称的服务业。现代服务业初步发展于工业革命至第二次世界大战期间，确立于20世纪80年代。

现代服务业大体上与现代第三产业等同。现代服务业指的是在信息网络技术的支撑下，并在新的服务方式、商业模式以及管理方法的基础上建立而成的服务产业。属于现代业务的新兴服务业态伴随着技术的发展而产生，对传统服务业的提升与改造同属于现在服务业的范畴。现代服务业与传统服务业有所差别，典型的现代服务业包括科研技术服务、金融保险业、文化体育和娱乐业、计算机软件和信息传输业、房地产业等。

1.现代服务业发展现状

发达国家的经济重心从20世纪60年代开始逐渐呈现向服务业过渡，产业结构表现为"服务型经济"。如今，全球服务业增加值占总产值比例高达60%以上，主要发达国家已经高达70%以上，中低收入国家平均水平业达到了43%；发达国家服务业吸收劳动力比例达70%，部分国家能够达到80%以上。

2. 现代服务业发展趋势

CEPA 的深入实施和 WTO 后过渡期的到来，使得国际服务业向中国转移的速度加快了脚步，中国市场被大量的集团与公司争抢。据统计，服务业在全球外资流入总存量中所占比例达到 67%。从经济学角度上看，中国成为国际服务业转移的目的地是一个必然的趋势，东部沿海地区具有便利的承接国际服务业的条件。

当前，我国服务业发展实力日益增强，对国民经济各领域的影响力越来越大，在经济增长、就业、外贸、外资等方面发挥着"稳定器"的作用。数据显示，服务业对经济增长贡献率稳步提升。1978 年年底，服务业对当年 GDP 贡献率仅为 28.4%，低于第二产业 33.4 个百分点。改革开放后，随着工业化、城镇化的快速推进，企业、居民、政府等各部门对服务业需求日益旺盛，服务业对经济增长的贡献率不断提升。1978—2018 年间，服务业对 GDP 的贡献率提升了 31.3 个百分点，达到了 59.7%。

（二）现代服务业在经济发展中的地位

知识经济时代的到来，扩大了服务业的领域，不断开创出新的产业形态。现代服务业在全球经济服务化趋势以及科技发展促进下蓬勃发展，大部分国家的经济结构正在向服务型经济转变。在服务方式方面也是与以往存在着很大的差别。各种新的产业形式比比皆是，如休闲经济、创意经济、虚拟经济等，同时得到了飞快的发展，并对社会产生了巨大的影响。

现代服务业有赖于人力资源的投入，将专业化的厂商作为服务对象，其特色就在于为客户提供专业化的服务，并以高质量、高效率和高收益来彰显自身的价值。这样一来，现代服务业的比例日益增长，并超越了其他产业，服务产业的内部结构得以优化；现代服务业也由此从服务业的总类别中划分出来，成为亚服务业的重要组成部分，大部分企业逐渐认识到与服务业相结合的优势。

李京文在《转变经济发展方式，大力发展现代服务业》（《经济参考研究》，2008）一文中指出，如今，在全球范围内的发达国家，现代服务业已经成为推动经济发展的源动力，生产型服务产业处于一个不可或缺的地位。有研究发现，发达国家在二战后的经济增长基本上全部来源于生产服务产业。在对 1947—1984 年经合组织（OECD）中部分国家相关数据的分析中发现，由于美国、挪威、日本、加拿大等国家的生产性服务业的发展，使得这些国家获得了竞争优势，同时也成为国家竞争力的重要组成部分。

在2009年《上海服务业和制造业发展现状的比较分析》《经济参考研究》中指出，现代服务业为经济的发展提供了动力，并成为经济现代化的重要标志。现代服务业的信息化水平、经营效益以及知识和技术的密集程度等方面都要优于传统服务业。根据全球经济的发展情况可以发现，现代服务业必将成为经济发展的主导产业。

同样，李京文进一步指出：近年来，我国的现代服务业发展速度逐渐加快，规模不断扩大，在全国经济发展中起到了重要的作用。现代服务的发展促进了我国经济方式的优化，提升了服务业在GDP中的占比，使得产业结构向着高级化的趋势发展，对适应发展阶段的变化以及我国现代化建设战略目标的实现有着重要的意义。

三、化解客户不满的沟通技巧

著名企业家马云说过一句话："我认为最好的服务是不需要服务，最难的地方是要用心去服务，但是大多数人是用嘴巴。"

（一）客户服务人员必懂的聆听：鹦鹉接线员

在澳大利亚，一家餐厅让一只名叫佩特的鹦鹉来接听老年客户的投诉电话。餐厅的老板表示："老年客户经常打电话对我们的服务进行批评，他们希望对真实的人进行投诉，而不是电子产品，但他们不在乎是谁接听的电话。所以我决定叫一只能说话的鹦鹉来应接听电话，这样一来，既能够满足老年客户的需求，又不耽误员工的正常工作。"

每当有客户通过电话进行投诉时，佩特就会自动接听到电话，佩特不会打扰客户说话，而是很有"耐心"的听客户讲话，当客户停下来时，鹦鹉便会从学习的36句话语中讲出一句，这些话语包括"非常不好意思，给您带来不便""我们会给予您一定的补偿"等。

餐厅老板表示："通过对鹦鹉的训练，它能够根据客户的投诉作出相应的回答。"老板说："从多次的投诉中我们发现，客户对于收到的回答并不是很在意，老年客户只是想找人来倾听内心抱怨的内容。"

餐厅曾对投诉的客户进行调查，结果发现大部分客户对于投诉的反馈情况是满意的。

在处理投诉时，聆听非常重要，尤其是对于上了年纪的客户更应注重聆听。客户服务人员要在"听"上下功夫，在投诉中客户的言辞和要求大部分是在发泄自己的情绪，说完可能就不记得了。耐心地将客户的投诉听完是解决问题的重要途径。

很多时候，客户投诉并不是为了服务或是业务的变更，而是需要将内心的情绪发泄出来，这时我们只需要简单的倾听就可以，并不用着急地去解决客户的问题。

（二）客户服务人员必知的措辞

在与愤怒的客户进行沟通的时候，措辞必须非常谨慎。言语既可以平息怒火，也可能火上浇油。选择正确的措辞，并且表明一种积极的、乐于助人的态度是非常重要的。在与客户相处时，有些原则必须要注意。

1. 对事不对人

比较以下两句话："你没有填对"和"这张表格上还有些信息麻烦你填写下"。如果你是客户，你会感觉哪个好些？显然，后者更为委婉。如果你直接说出顾客的错误，可能会惹恼客人，不利于解决问题。

再看一些不同的表达。

"你搞错了"就不如"我觉得这里是不是再确认下"。

"你把我弄糊涂了"不如换成"我被搞糊涂了"。

"我不能……"不如"您可……"。

"这不是我的事"不如"让我想想我能做什么"。

2. 是帮助、交流，不是命令

人们喜欢有选择的空间。如果你想请客户帮你们去做某件事或是想清楚说明为什么要这样，记得文雅一些，而且讲明对客户有利的地方。人们不喜欢被命令，所以表述要委婉而间接。

"你必须……"不如"请您……"。

"你本来应该这样做的"不如"我们最好这样"。

"在这儿等着"不如"您可否等一下？我跟我的上司说几句话"。

不要引起对抗。如果顾客感觉他们受到了批评，一定会对抗性地做出反应。

"这事你从来没有做对过"不如"这事常常做不正确"。

人们都喜欢受到肯定，"你这里填对了，但……"不如换一种说法，"你这里填得很好，还有……"。

"你要花费……"不如"价格是……"。

"你有什么问题"不如"请告诉我发生了什么事情"。

3. 表示理解客户的心情

"你疯了吗"不如"我能理解你所说的东西"。

"我知道你的感受"不如"我能理解你怎么会有这种感受"。

"我不知道你为什么如此不满"不如"我能理解这件事多么使人恼火"。

"我也不满的"不如"对不起，给你造成不便"。

用委婉的方式澄清事实，而不是争论。

"你大错特错了"不如"听起来你的意思……"。

"你的话没有任何意义"不如"也许我理解错了……"。

"这肯定错了……"不如"我对你的话是这样理解的……"。

面对愤怒的客户，要让你的语调平静、坚定、充满关切和安慰。

如果你的说话声音听起来是恼怒的、不耐烦的，或居高临下的，那么客户会更加愤怒。反之，如果你的声音听起来自信而且有礼貌，顾客比较容易相信你的态度很认真，相对比较容易平息愤怒和不满。

（三）客户服务人员必做的心理准备

投诉最终需要得到及时有效的处理，这是任何一个有经济头脑的人都不会怀疑的事。但投诉又是一种"人"的感情的宣泄，这种"人"的因素使投诉最终将成为人与人之间的相互接触、交流。人与人之间的接触、交流并不是一件简单的事情，特别在对方是一位客户，且是一位有着投诉心理的客户的情况下，接触和交流更是绝非易事。因此，面对客户的投诉，工作人员要做好充分的心理准备，保证我们的处理能正确而顺利。

1. 学会理智处事，避免感情用事

我们并不能要求客户在投诉时仍然彬彬有礼，这是不符合实际的。事实上，如果某客户对商品或服务的期待或信赖落空了，他们的不满或愤怒往往会直接表现出来，这样在说话或态度上难免会出现过于激动的现象。

面对情绪激动的客户，我们要保持理智，虽然我们也有自己的情绪，但作为职业人，要控制好自己的情绪，否则激烈的言辞及态度只会让事情更糟糕，导致双方更多不悦。

为避免这类事情的发生，我们应尽可能与客户冷静地、缓慢地交谈。以缓和的速度交谈，有助于平复客户激动的情绪。同时，缓慢交谈也可以让我们以自制心理控制情感，争取思考解决问题的时间。另外还要注意尽量用低声调进行交谈，因为高声调会激发自己的情绪，很容易导致冲突的

发生。

控制好自己的情绪不仅是处理投诉时需要注重的地方，在日常工作中，注重情绪管理也有助于我们应对其他一些问题。可以说，情绪不稳定的人很难处理客户的投诉。

解决投诉处理对个人而言，也是一种个人修养的"修炼"，特别对是关注自己较多、不在意别人的人来说更是如此。克制自己的情绪，忍受不愉快的事情可能是件不容易的事情，但经历之后，却是我们宝贵的人生经历。

2. 不要害怕客户投诉

客户投诉是因为客户的想法与我们的想法有些差距。总体而言，客户就是挑剔的。好的东西即使便宜，他们还是会选择服务周到的店，如果遇到这样的客户，你就要有心理准备，忍受他那不时挑毛病的癖好。

虽然没有人希望遇到客户投诉，但客户的投诉终究会出现。每次有客户找上门，或许我们都会下意识觉得又要面对讨厌、难缠的客户，心里难免会有"好害怕""既然事情已经发生了，没办法，只好硬着头皮应付了"或者是"我来想想比较好的应付方法"等念头，而这一念之间，往往就是处理客户投诉的成败关键。所以，绝对不要"害怕客户的投诉"。

3. 要有自己代表企业的心理准备

作为企业的员工，对自己的企业应有认同感，这是内在的自觉，也是一个客服人员必须具备的思想素质。当然，这一自觉性在处理客户投诉时就显得更为重要，因为它决定了你从哪个角度思考问题，决定了你是否能在企业与客户利益之间找到平衡。作为企业的代表，不仅要清楚地了解投诉内容，更要对自己可能引起的错误坦诚地表达歉意。而且，客户可能由对一个客服或小事的埋怨，而将自己的不满情绪直接引至企业。因此，客服人员如果不具备这种能力，投诉的客户可能会要求其他负责人出面，甚至引发争执，给企业带来不良影响。

4. 要有随时化解压力的心理准备

投诉中，客户有时的过激言行的确会伤害到服务人员的感情。服务人员通常应该尊重客户的意思，在处理客户投诉时应在精神上退一步来应对。

常做让步来对待客户，可以比较容易接受客户的激烈言辞，最大程度地避免争执。我们可以偶尔训练自己，站在第三者的立场来观察体会自己忍受客户的过程，于自己而言，是一种有效的心理调适过程，有利于疏导自己的不良情绪。有一份平静的、超然物外的心理，对处理投诉自然是十分有利的。

毫无疑问，人生不会只有快乐的一面，也会遇到令人气愤或悲伤的事情。在忍受这些事情的同时，可以促进自己内心的强大，从而学会体谅他人。

5. 不要有"客户是在针对我"的心理

表面上看来，客户投诉时都是冲着销售员或经理人来的，这很可能是客服人员条件反射地把这种投诉当成是对自己的攻击。这种反应只会导致服务人员情绪不稳定，而把情况弄得更糟糕。比如，我们常常听见服务人员投诉："为什么我非得要面对那么喜欢在鸡蛋里挑骨头的客户呢？""为什么我非得当场被人大声辱骂呢？"如果心存这样的念头，那就太消极了。

6. 投诉应对策略

投诉一："买东西的时候态度还可以，现在都联系不到人了！"

这句话所反映出的客户内心的想法为：销售人员是没有信用的，他们只有在卖东西的时候表现得很勤快；他们只顾把东西卖出去，卖出去后就什么都不管了。

面对这一情况，应当注意的是，首先要进行道歉，然后让客户提供商品的信息。例如，可以这样说："实在是抱歉！平时怕打扰您，正好借这个机会拜访您一下，请您多多指教！"

投诉二："刚买不久的车就这么糟！"

这句话所反映出的客户内心的想法：开这么不好的车太不安全了，想换一辆；花这么多钱买的车，这就出问题了，这是什么东西！

面对这一情况，应当注意的是，首先要听清楚原因，这样有利于缓和顾客的情绪；其次要判断是否存在操作故障问题；随后与客户一起将问题直接传达给技术人员；最后明确地告诉顾客不可能进行换车。例如，可以这样说："我们将车介绍给您，肯定是会承担起相应的责任的。实在是抱歉！您什么时候有时间。我陪您一起去保养厂给车做一个详细的检查吧！"

"我很理解您的心情，但对于换车的要求我们是无法满足的。不可能是车的所有零件都存在问题，一定是某一部分。我们一定会调整到您满意为止，我们再去修护厂检查一下可以吗？"

投诉三："让我在你的修护厂等那么久！"

这句话所反映出的客户内心的想法为：不开心，不愉快；实在浪费时间。

面对这一情况，应当注意的是，首先真诚地道歉，缓和客户的情绪；其次再向客户解释清楚修护厂的结构。例如，可以这样说："我们在工作中，一直奉行'顾客至上'的原则，实在抱歉出现了这样的事情。如果是我遇到这样的事情，也会跟您有一样的心情。在今后为了能给客户更好的服务和体验，您能给我们提一些改善的建议吗？"

"非常抱歉给您带来了不便！最近客户们的安全意识不断提升，修护厂内待修护的车大量增加。我们一定会努力做得更好，但也希望您能够尽量通过预约来进行修护，如果您早些预约的话，我觉得应该不会出现这样的情况。"

在做法正确的基础上，正面的直接补偿是最有效的解决问题的方法。思考问题应当从客户的角度出发，真诚地表达歉意，并及时提出解决问题的办法。

客户并不关心你的处境和借口，更关心的是他们自己的钱和损失。当遇到投诉事件时，应当真诚、礼貌，并迅速作出处理。

"对不起"并不是你处理问题的措施，这仅仅是你内心的反应。

如果你总是反复去说"对不起"，时间久了，你就会感到"很抱歉"。真正想要进行弥补的人，可以诚恳地说："我向您道歉。"

第三章　大学生职场基本能力训练

进入职场，需要有基本的职业技能，本章主要介绍职场礼仪形象规范训练、职场表达沟通能力训练、职场人际交往能力训练和职场时间管理能力训练。

第一节　大学生职场礼仪形象规范训练

职场礼仪指的是人们在职业场所应该遵守的一系列礼仪规则。学习这些礼仪规则将大大提高一个人的职业形象。职业形象包括两个主要的因素：内部和外部，工作场所的每个人都需要建立和保持塑造自己职业形象的意识。

职场礼仪的基本点很简单。首先，我们必须弄清职场礼仪和社交礼仪的本质区别，职场礼仪没有性别之分。例如，没有必要在工作场所为女性开门，这样的一个"绅士风度"，甚至可能冒犯对方。记住，在工作场所，男人和女人是一样的。第二，把理解和尊重他人作为自己的指导原则。虽然这是显而易见的，但在工作场所却常常被忽视。正确的引荐方法是将低层人员介绍给高层人员。例如，如果你的首席执行官是琼斯女士，你想把她介绍给一个叫简·史密斯的行政助理，正确的方式是"琼斯女士，我想介绍您认识简·史密斯"。如果你在介绍的时候忘记了别人的名字，不要惊慌，你可以继续进行介绍："对不起，我一下想不起您的名字了。"与补偿性的介绍相比，不介绍更粗鲁。

了解、掌握并恰当地应用职场礼仪有助于完善和维护职场人的职业形象，会使你在工作中左右逢源，使你的事业蒸蒸日上，做一个成功职业人。成功的职业生涯并不意味着你需要多少才华，最重要的是，在工作中，你要有一定的职场技能，适当合理地沟通交流，这样你就能在职场上赢得别人的尊重，也能在职场上站稳脚跟。

一、交往礼仪

（一）称呼礼仪

人与人交往中使用的称谓和称呼，是用来指代某人或获得某人的注意，是表达人的不同想法的重要手段。

1. 常规性称呼

在日常生活、工作和交际场合中，常规性称呼大体上有以下五种。

（1）行政职务。它用于较正式的官方活动，如政府、企业和学术界，如"李董事""王总经理"和"刘总裁"。

（2）技术职称，如"李总工程师"等。技术名称表明被叫的人是该领域的权威或专家，表明他在这方面是一个守信用的人。

（3）学术职称。和技术职称不完全一样，这种类型的职称确实预示着你在专业技术上的成就。

（4）行业称号，如"解放军同志""警察先生""护士小姐"等。行业职称可以在你不知道人的职能和工作职称的具体情况下使用。

（5）泛尊称。是指各行各业的人在广泛的社会场合可以使用的尊称。比如"同志""先生""小姐""夫人"等等。如果你不知道对方的名字和其他情况（如职位、头衔、行业），请使用通用名。

另外，有时在人际交往中会用到一些名字，比如"叔叔"和"阿姨"。你那样称呼别人，并不意味着他（她）就跟你有血缘关系。注意不要对年长老人通称"叔叔""阿姨"，可称"老先生""老人家"等。

2. 称呼禁忌

在较为正式的场合里，不能使用的称呼如下。

（1）无称呼。没有称呼就跟人去搭话、交谈，这种做法没有礼貌又容易引起误解，所以要忌讳。

（2）替代性称呼。就是非常规的代替正规性称呼的称呼。如医院护士喊床号"八号床"，餐饮业服务员喊顾客"九号桌"，这些都是不礼貌的。

（3）容易引起误解。因为习俗、关系、文化渊源等的差异，一些容易引起误解的名字不应该使用。在中国大陆，很喜欢叫人"同志"，但是在港澳和海外就不适用了，因为在那里有"同性恋"的意思。

（4）地方性称呼。比如，北京人爱称人为"师傅"，山东人爱称人为"伙计"，中国人常称配偶为"爱人"等。但是，在南方人听来，"师傅"等于"出家人"，"伙计"就是"打工仔"，外国人则将"爱人"理解为"第三者"。

还有，打电话给别人的时候，避免误会（比如把"秋"读作"仇"等），误解（如称单身女性为"太太"等），过时的称呼（如称呼政府员工为"大人"等），外号（如"四眼""铁拐子""王罗锅"等。）。

一句话，称呼是沟通的开始，沟通是第一位的。谨慎地使用名字，聪明地使用名字，恰当地使用名字，别人会对你留下好印象，有助于人际交往顺畅地进行。

（二）介绍礼仪

1. 正式介绍

在更正式和严肃的场合，有两个流行的介绍规则：一个是把年轻人介绍给老年人，另一个是把男人介绍给女人。在介绍的时候，首先提到某人的名字是对那个人的致敬。

例如，要把大卫介绍给一个叫莎拉的女人，你可以说："大卫，让我把莎拉介绍给你。"介绍他们：这是莎拉，这是大卫。如果这个女人是他的妻子，先介绍你自己，然后介绍你的妻子。还是那句话，要把一个年轻的女性介绍给一个受人尊敬的长辈，不分性别，首先要提到这位长辈，说："王先生，我很荣幸介绍莎拉认识你。"

在介绍的时候，最好是提一下名字，也可以附上职位名称、学历、职位、特长、爱好等简要描述。这种介绍的方法等于给双方一个话题开始对话。如果演示者能够发现演示双方的一些相似之处，那就更好了。如果 a 和 b 的弟弟是同学，这无疑会让最初的对话更加顺畅。

2. 非正式介绍

如果是一般的非正式场合，不一定要很正式。如果大家都相对年轻，应该会更自然、更轻松、更享受。主讲人说"我给你介绍"，然后简单介绍一下，不需要太在意谁先介绍谁后介绍的规则。最简单的方法是直接介绍可以加上"这就是""这位是"之类的话来强调名称，让人觉得亲切自然。当向人群介绍朋友时，你可以说"诸位，这是小李。"

在不是太正式的场合，可以采用随机的方法给朋友做介绍，像"大卫，你认识小李吗""大卫，你跟小李见过吗"。之后在见面的时候就可以将小李介绍给大卫，这时候就不会太随便。例如，"大卫，过来见见小李"，或是"大卫，过来和小李握握手"，这就听出来有点随意。在聚会时，气氛愉悦是最重要的。在介绍的时候，不要将某个人称作"我的朋友"，因为这是在暗示另外的人不是你朋友，不友善，想知道另外一个人的名字，就先找另外的人问一问。

3. 自我介绍

有时你需要和某人见面谈些事情，你可以不做介绍就展示自己。比如"我叫大卫，我们在广州认识的"或者"你是莎拉，我是大卫，你哥哥的朋友"。如果你能在简介中发现与对方的某种联系，这当然更好，但如果你从未见过也没关系，只要能有礼貌，对方自然会以礼相待。

4. 在介绍时如何应对

介绍人做了介绍后，被介绍的双方要互致问候："你好"，如果你在"你好"之后重复对方的名字或称呼，那将是一种亲切有礼的回应。

对于老年人或名人来说，重复尊敬的头衔无疑会让对方开心。如果你是负责组织聚会的，那你就待在门口接待客人。如果是正式的私人会面，女主要留在门口，男主要站在旁边，两人都要和每个来访者握手。根据现代西方礼仪，当女人进入房间时，男士应该站起来。

但如果有妇女在座的话，该礼节可免除，只需男女主和其家人迎客即可。一般来说，男人应该期望女人在坐下之前先坐下。如果一个女人来找一个男人说话，他必须站起来说话。但是，如果你在公共场所，比如剧院、餐厅等，不需要太在意这个标签以免影响其他人。

（三）名片礼仪

名片是一个人身份的象征，现在已经成为人们社会活动的重要工具。因此，名片的传递、接受和保管也要注意社交礼仪。

（1）递名片。在社交场合，名片是介绍自己的简单方式。名片交换的顺序通常是：先客后主，先低后高。与多人交换名片时，要按照位置的先后顺序进行，或者由近及远，依次进行，不要往前跳。交付时，名片必须从正面交付给对方，并用双手交付。眼神要对视，微笑大方地说："这是我的名片。请多加关照。"在介绍之后，不应在不知道对方身份的情况下匆忙递送名片，也不应当作小册子随意分发。

（2）收名片。当你接受一张名片时，你应该站起来，微笑着看着对方说"谢谢"，然后是微笑着阅读名片的过程。当你阅览时，你可以读对方的名字，看对方的脸，给对方一种重要的满足感。如果你没有名片，你应该向对方道歉。在对方离开之前，或者话题还没说完，没必要急着去把对方的名片收起来。

（3）存名片。不要把别人的名片扔在桌子上，或者随便放在口袋里，或者把它扔在包里。应该放在西装左胸的袋里或者名片夹里表示尊重。

（四）握手礼仪

1. 握手的顺序

握手的顺序通常注重"尊者决定"，即女性、老人、已婚者和高官伸出手后，男性、年轻人、单身者和地位低下者伸出手来回答。在生活中，你必须积极握手。如果一个人想和很多人握手的话，顺序是：先年长的再年轻的，先是主人接着是客人，先是上司后是下属，先是女性后是男性。

2. 握手的方式

握手时，上身微微前倾，两只脚站立，互相望着，伸出右手，四指并拢，虎口相交，拇指张开，握着对方的手。

男性与女性握手时，通常只握对方的手指，不应握得太紧，时间控制在3～5秒内。双方右手握住后再将左手搭在对方右手上，这是我国常见的礼仪，表明了更多的亲切和相互尊重。

3. 行握手礼的禁忌

行握手礼时应注意以下问题。

（1）不要左手相握，特别是在处理阿拉伯人和印度人的握手问题时，因为左手在他们看来是不洁的。

（2）在与基督徒握手时，避免两人握手时互相交叉。这种形式类似十字架，这对他们来说是非常不吉利的。

（3）握手时不要戴手套或太阳镜，只允许女性在社交场戴薄纱手套握手。

（4）握手时不要把另一只手放在口袋里或拿着东西。

（5）不要无表情，或长篇大论，点头哈腰，握手时要注重礼貌。

（6）握手时不要只握住对方的指尖，好像想远离对方一样。男士同女士握手时除外。

（7）握手时不要拉对方的手，向上、向下、向左、向右推或摇动。

（8）不要直接拒绝握手，如果手脏或出汗了，也要对对方说："对不起，我的手现在不方便。"以避免不必要的误解。

二、通联礼仪

（一）电话礼仪

电话里方便的通信工具。在日常工作中，电话礼仪至关重要，直接影响到公司的声誉；在日常生活中，我们也可以通过电话判断对方的性格。因此很有必要掌握打电话给人的正确礼貌的方法。电话交流主要包括接听电话和打电话。

1. 接听电话

（1）接听电话的四原则

第一，电话响三声。

第二，在电话旁边准备纸和笔。

第三，确认记录的时间、对象、位置和重要事件。

第四，指明自己的名字。

（2）接听电话的重点

第一，记笔记。

第二，使用礼貌的语言。

第三，在电话里要简洁明了。

第四，注意听重要的词，如时间、地点、原因和数字。

第五，避免使用对方在电话中听不懂的专业术语或缩写。

第六，注意语言。

第七，对方电话打错了就要礼貌说明，并要求对方再次确认电话号码。

（3）代接电话

第一，打电话的人不在的时候，告诉对方缺席的原因，比如出差。

第二，礼貌询问对方的工作单位、姓名、职务，主动询问对方是否要留言。如果要留言，必须详细记录和确认，并表示会尽快传送。

第三，对方不留言，就挂电话。

第四，在接到投诉和埋怨电话时，要小心，不要和对方争吵，尽快表达你的处置决定。如果不是部门的责任，电话要转发给相关部门和人员，或者告诉打电话的人找哪个部门，找谁，怎么找。

第五，拨通对方电话，如果是忙线状态，那么就问问是留言还是稍等一会儿。如果有留言，就要记录对方的留言、单位、姓名和联系信息。

第六，如果需要等一会儿，那就把话筒放下，通知要找的人来接电话。

第七，如果要找的人正在接一个重要的电话，很难接完，请对方过一会儿再打电话。不要让对方莫名其妙地等待。

接听电话的流程要点可以参见图3-3-1。

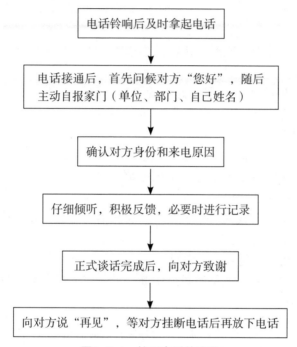

图3-3-1　接听电话的流程

2. 拨打电话

（1）通话前

第一，正确选择时间和时机。如果不着急，不要在办公时间打电话。上午8：00前和晚上8：00后不要打电话给客户。

第二，谈话对象的选择准确，准备好必要的信息和文件。重要内容应在打电话前有纸稿准备。

第三，确保环境安静，嘴里没有东西，想想谈话的内容、文本和使用的语气。

第四，准备好纸和笔，便于记录。

（2）接通后

第一，对已知人进行简单问候后就进入话题。

第二，对于不知道的人，在谈问题之前，必须先说明自己的身份和目的。

第三，使用礼貌用语，如"你好""请""谢谢"和"对不起"。

（3）交谈中

第一，表达全面、简洁（有些公司通常要求通话时间不超过3到5分钟）。

第二，当你需要谈敏感或机密的事情时，先在接通电话后问对方谈话是否方便。

第三，如果谈话中有需要处理的事情，要礼貌的告知对方，避免误会；没有搞清楚的事情，一定要重新约时间细谈。

（4）挂断前

谈话结束后，你需要感谢对方，说"再见"后挂断电话。

不要急于挂电话，通常应该由地位高的人、长辈、客户主动挂电话。

（5）特殊情况处理

第一，如果你要找的对象不在，你要相信对方会简要说明原因，主动留言，留下联系电话和名字。

第二，记住客户的名字，道谢。

第三，打电话时，如果掉线或中断，就等对方打电话，打电话的流程可以参考图3-3-2。

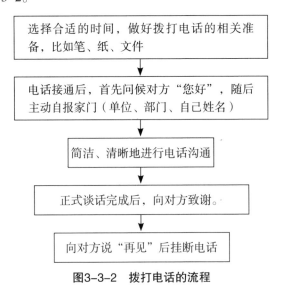

图3-3-2 拨打电话的流程

（二）电邮礼仪

电子邮件是现在最快的信函，应该谨慎使用，因为适当或不适当仅一线之隔。电子邮件被广泛使用，现在不能以任何格式统一。我们所能做的就是专注于快速、简洁和有效的沟通。撰写电子邮件时，应该做到以下几点。

（1）明确主题。在大多数情况下，电子邮件只有一个主题，通常需要在开头提到，仔细归纳。

（2）语言要流畅。电子邮件应该易于阅读，语言应该流畅。尽量不要写异体字和生僻字。当引用资料和数据时，最好指明来源，以便收件人可以验证。

（3）言简意赅。电子邮件的内容应该尽可能简明扼要。

（三）信函礼仪

信函，又被叫作书信，是人类最古老和最常见的交流方式。如今，在官方交流中，信函仍然是员工常用的有效形式和沟通方式之一。

一般来说，单位及其员工在公务往来中使用的信函也称为公函。与普通信函相比，由于官方信函用于正式场合，通常对礼仪有更规范的要求。

一般来说，公司员工在使用公函时，要注意修辞、表达清晰、内容完整、格式正确、行文简洁五大要点。要遵从礼貌、清晰、完整、正确、简洁等原则，因为这五个词在英语中都以"c"开头，这五点也被称为写信函的"五c"法则。

具体来说，在使用官方信函时，礼仪规则应主要用于信函、申请信函等的书写。此外，写电子信件也应该注意礼仪规则。

1. 写作信函

写公函要反复考虑信的内容和格式。应该认真对待以下五个具体问题。

（1）抬头

一般公函由三部分组成：标题、正文和结尾。

标题的基本内容包括标题和引用，两者都要根据具体对象来处理，要适当处理。

首先是标题术语准确。写信时，必须称呼收信人的头衔。致电收件人时，应注意以下四点。

第一，名字和标题必须正确。在任何官方信函中，不允许弄错收件人的姓名和头衔。称呼收件人，有时你可以只叫他的姓，省略你的名字，但不应该直接称呼他或没有名字。

第二，允许直接发函的相关单位或部门作为标题中的标题条款。在很多情况下，标题是由相关单位或部门直接作为收件人授权的。

第三，中性名词可以用来称呼接受者。当收件人的性别不清楚时，用不需要性别识别的中性名字称呼对方更安全，如总裁、经理、董事、首席代表等。

第四，不要滥用称号。第一次给人写信的时候，不要滥用标题。先生、小姐等称呼，在不清楚收件人性别的情况下，不宜使用。不要为省事，就只用先生或小姐来称呼。不要使用阁下、你的老板和相关人员这样的特殊头衔。

第五，提到的称呼要到位。有时在标题前应用提称语。所谓提称语，就是提高称呼的词语。在官方信函中引用提称语是关键。一般来说，官方信函中最标准的提称语是受到尊重的。普通公函也可以不用提称语。社会场合使用的尊鉴、台鉴、钧鉴等古典语录，以及亲爱的等西式语，一般不适合在普通公文中使用。

（2）正文

在官方信件中，正文是中心内容。写信件时，要主题清晰、有逻辑、简洁。在撰写正式信函时，应特别注意以下几点。

首先是注意人称使用。在官方信件中，人称的使用相当挑剔。如果你想表达善良和自然，你应该用第一人称。如果你打算表达官方和严肃的事务，你可以使用第三人称。

第二是主要内容。一张标准公务卡的内容应该像一个倒金字塔，越重要的内容越应该放在前面。所以在正文开始的时候，要坦诚地说出收件人最应该知道的信息，以及收件人最想知道的信息。

三是把主要内容放前面。无论如何，一封又长又费时的公函会很无聊，所以写公函的时候要注意控制自己的篇幅，力求简洁。总的来说，词汇短、句子短、段落短、篇幅短这四短，是写公函必须遵守的铁律。

第四是一封信说一件事。最好一封信只讨论一件事，这不仅让你突出主题，也限制了篇幅。

第五是语言容易理解。虽然官方信函使用书面语言，但作者应该尽量使他们生动、活泼、礼貌和自然，不应该使他们非常粗俗或过于华丽。

第六是信息正确。必须确保公函传递的信息是正确的。要做到：避免书写错误；避免使用不正确的标点符号；避免滥用语言、典故和外语；不应该使用过于孤立的词语或容易产生歧义的例子。

第七是文书工作干净整洁。一般来说，官方公函最好打印，而不是手写，这样可以保证你的纸张干净整洁。避免随意涂写和填充，即使你需要手写。

第八是避免泄露秘密。常见的公函不应在字里行间直接或间接涉及商业机密。

（3）结尾

在公函中，最后一部分对写作的基本要求是全面而具体的。一般来说，公函的结尾由以下六个具体部分组成。

第一个是祝福。是写作者对收信人的例行祝福，它的大部分内容是常规的，可以适当使用，但不能没有。

第二个是附问语。指向收件人发送问候或代其问候收件人的周围人，可写不可写。

第三是补述语，又叫作附言。是文字写完后需要补充的内容。一般公函，最好不要加补述语。如果需要使用补述语，要注意三点：单字不成行；单行不成页；字数不宜多。

第四是署名。在正式信函中，签名必须是写作者的全名。如果需要，还可以同时写上行政职能、学术职称和职称。对于打印的信件，最好由署名人本人签名。

第五是日期。签字后，必须注明信件的具体日期。机构的日期尽可能具体。

第六是附件。在一些公函的末尾，往往会附上其他相关文件。附件必须始终附有公函，但信中必须注明具体页数、件数和姓名，以便收件人检查。

（4）封文

通过邮件和快递发送的公函必须是书面的。写信封的时候，不仅要认真，还要符合它的基本规范。以下五点要特别重视。

首先是详细地址。为了确保收件人准时收到信，或者确保信在被退回时不会丢失，请确保仔细检查收件人和发件人的具体地址。不仅要写省、市、区、街、门牌号，还要写单位、部门。

第二是正确的名字。在信封中，收件人和发件人的姓名必须拼写正确。单位和部门作为收件人时，还必须注明其正确的全称。

第三是雅语。在官方信函的标题中，经常需要使用一些雅称、雅语。它们都有一定的规则，不应该被滥用。具体包括：一、邮差对收件人的称呼，写在收件人的名字后面，如女士、先生等。二、开场白。是收件人打开信封的敬语，如启、收启、钧启等。通常写在收件人的名字后面。第三，封信词。它代表了寄信人在封信时尊敬的意思，如缄、谨缄等。缄封词必须写在寄件人的名字后面。所有未密封的信函不是必要的。

第四是邮编。通过邮件发送的正式信件必须正确地包括收货地址和运输地址的邮政编码。缺少邮政编码或邮政编码不正确的公函可能会被延误甚至丢失。

第五是格式模式。密封书写通常有一定的格式。横信封有横信封的写法，竖信封有竖信封的写法；国内信件有国内信件的信封格式，国际信件有国际信件的信封格式。写公函印章时，要谨慎处理。

（5）工具

写公函，尤其是手写信件的时候，要使用一些必要的工具。在使用这些工具时，必须遵守基本的礼仪规则。下面重点介绍一些手写信件的基本要求。

第一是信笺。公函中使用的信笺应规范、纸质上乘、美观、印刷均匀。用外国机构的信件写公函不合适，用本单位的信件写私信也不合适。

第二是信封。公函中使用的信封可以是市面上出售的标准信封，也可以是本单位统一印制的专用信封。用自制信封寄公函或用其他单位使用的信封寄本单位的公函是不合适的。公函信封的大小必须与容量成正比。纸质和色彩，最好和信笺相配。

第三是笔。手写公函时，一般要用钢笔或签字笔。如果用铅笔和圆珠笔写字，往往会觉得力不从心。

第四是墨水。用毛笔写信，宜用黑墨汁；用钢笔写字时，应该使用黑色或蓝黑色墨水。不要使用纯蓝色墨水，因为字迹很难长时间保持。使用其他颜色的墨水有哗众取宠之嫌，也是不可取的。

2. 应用信函

在官方交流中，应根据实际需要和具体情况使用。根据具体用途，可分为联系信函、通知、确认、感谢信、推荐、拒绝信等。通常有不同的写作要求，在写不同类型的公函时，必须符合基本要求。

（1）联络函

联络函，也称为保持接触函，是一种特殊的信函，通常用于培养客户关系和维护客户联系。运用联络信的目的不仅是为了证明个人的存在，还是为了与客户保持联系，利用联络来培养对方对自己的好感，加深对方对自己的印象。通常情况，联系信应该定期发送给客户。写联系信通常有以下五点需要注意。

首先是找一个合适的借口送信。这样，就不会让人觉得奇怪。如祝贺节日、生日、简报等都是很好的借口。

第二是简单介绍一下自身的情况。向对方告知自己和单位的发展变化可以让另一方加深对自己和单位的理解。

第三是表达对对方的关心。在介绍自己的情况之前，可以表达自己对对方真诚的关心。比如可以称赞对方的成就或者为此祝贺收件人等等。

第四是表现出合作意向。在联络函中，可以简要介绍一下你的意图，以便与对方进行更多的交流与合作。

第五是灵活支配情感。联络函不是直接的商务信函，所以篇幅应该简短，语气应该友好，主题重联系。

（2）通知函

通知函，又称为告知函。它主要用于向外界通报交易的具体情况或业务的具体进展。从某种意义上来说，通知函往往可以在一定程度上起到联络作用。写信时，你应该注意以下五点。

首先是介绍客观情况。通知书的主要作用是向有关方面通报情况的发展和变化，而不是讨论或争论。

第二是注意引入的连续性。在介绍现状时，信中一定要注意前一封信的呼应，这样自己的情况介绍才是连贯一致的。

第三是告知自己的未来规划。在介绍客观情况时，你还应该告知接受者你自己采取的对策和行动。

四是促进相互合作。这封信的目标之一是促进收件人和发件人之间的合作。

第五是表达委婉。无论是介绍自己的措施，还是督促对方参与，表达都要含蓄。我们必须努力避免语气过重、勉强、繁复。

（3）确认函

确认信是专门用来确认某事的信。在官方交流中，确认是最常用的信函之一。因为确认意在确定某些事实和某些意图，所以写起来有更高的要求。写确认信要注意以下五点。

首先是明确必须确认的相关问题。该内容是提交的关键内容，因此必须多次检查以确保没有错误。

第二是一一列出对应的附加条件。在给收件人的确认函中，必须明确规定被确认主体的所有具体条件。

第三是宣布你对此的基本立场。在确认函中，确认方必须重复承诺遵守协议，不得任意重复或改变主意。

第四是要求收件人确认这一点。一般来说，确认部分会在提交时提示另一方对此进行确认。具体方法可以是再写一封信，也可以是这封信中的附上意见。

第五是在信函末尾正式署名。正式确认要求相关单位的工作人员或监护人在最后签上自己的名字。有时联合签字通常需要单位法人代表签字。必要时还必须加单位公章。

（4）感谢函

在官方往来中，感谢信是指专门为感谢某人或某单位而写的信。一般来说，在收到礼物、参加宴会、受到照顾后，你应该发一封特别的感谢信。一封合适的感谢信通常表明作者的教育程度。写感谢信通常应该注意以下四点。

第一是内容简单。感谢信通常不需要冗长的讨论和没完没了的谈话。只要你在信中明确表达你的感激之情，可以只写三五句话。

第二是考虑周全。通常，感谢信中应该感谢的人不止一个，所以你应该一个接一个地感谢所有应该感谢的人，不要错过任何人。

第三是尽可能手写。为了表达你的真实感受，感谢信应该尽可能地亲自写，而不是打印出来。任何时候，一个当事人的亲笔信都会让人觉得很贴心。

第四是尽快发。总的来说，感谢信时效性很强。最好在事发后24小时内尽快发送。

（5）推荐函

推荐信，是指专门用来向其他单位推荐一个人的信。在求职中，一封强有力的推荐信通常有助于被推荐人被选中。写推荐信应该主要考虑以下四个方面。

第一是介绍自己。推荐信的开头，写信人要简单描述一下自己的情况，稍微说明一下自己和被推荐人的关系。

第二是评价推荐的人。这一部分是推荐信的主要内容，应该用来全面、客观地介绍被推荐人的基本情况，特别是他们的技能、阅历、经验和表现。同时被推荐人也要做好自己的评估。

第三是感谢接受者。在推荐信中，对收件人的问候和感谢是不可忽视的。这部分绝对不可或缺。

第四是有背景材料。为了便于雇主及其负责对象更深入地了解被推荐人，个人参考资料如简历、证书等一般应附在推荐信之后。

（6）拒绝函

拒绝信，是用于拒绝外人或外单位的请求的信件。在所有的公函中，拒绝信大概是最难写的。它的难点是，既要正式拒绝对方，又要保证不损害双方关系，写拒绝信一般来说，有以下四个注意事项。

第一是立即做出决定。拒绝信讲究时效。如无特殊原因，应尽快拒绝对方。拖来拖去往往会导致另一方产生其他想法。

第二是具体描述。在拒绝信中，应明确拒绝的具体主体。不要一概而论，模棱两可，这样会耽误事情。

第三是澄清原因。对于拒绝对方的具体原因，最好在拒绝信中仔细说明，让对方确信这样不会影响双方的关系。

第四是道歉。如有必要，拒绝信应对被拒绝者表示歉意。另外，也要邀请对方以后继续和自己保持联系。

三、餐桌礼仪

（一）中餐礼仪

第一，餐巾。将餐巾放在膝盖上，不要用餐巾擦脸或嘴。吃完饭，叠好餐巾纸，不要揉成一团。

第二，筷子。照顾他人时，使用公共筷子和勺子。

第三，意识。传染性病毒携带者应自觉拒绝参加晚宴。

第四，不出声。用勺子喝汤，不要出声。避免用筷子敲击桌子或餐具。当你嘴里有食物时，不要和人说话影响其他人进餐。

第五，干净。嘴角和脸上不可留有食物残余。说话时不可喷出唾沫，嘴角不可留有白沫。

第六，遮掩。剔牙时用手遮住嘴。咳嗽、打喷嚏或打哈欠时，应转过身，用手帕或餐巾纸捂住，转过身来说"对不起"。

第七，筷子。避免将筷子放在玻璃杯中，避免将筷子插入饭碗或盘子中。不要在别人面前伸筷子，不要插入菜盘的深处，不要挑来挑去。夹菜时不要一路洒汤，筷子一次不要夹太多食物，不要用嘴吮吸筷子，不要边说话边用筷子指指点点或比划。

第八，干杯。举起你的杯子，用眼睛看着对方，喝完酒后，举起杯子来表达你的感激之情。碰杯时，杯子要低于对方的杯子。

第九，尊重。尊重对方的饮酒习惯和欲望，不要强迫对方饮酒。

第十，文明。不准吸烟，不准往地板上或桌子底下扔东西。如果不小心打碎了盘子，你应该道歉并赔偿。

第十一，离席。吃完饭后，起身把椅子放在里面。

（二）西餐礼仪

1. 餐具的使用

第一，左叉固定食物，右刀切食物。

第二，餐具是从外到内使用的。

第三，一道菜一套餐具，每套餐具用一回。

第四，用过的餐具斜放在盘子上，刀叉朝上放，刀齿朝内，把手靠右，等候服务员收取。

2. 进食的方法

第一，主菜。用刀切开，一次吃一块。不能一次切完再一个个吃。当嘴里有骨头或鱼刺时，用拇指和食指从紧闭的嘴唇上取下。

第二，沙拉。用叉吃。

第三，面条和面包。面条用叉子卷妥食用。面包用手撕成小块，放入口中，不能咬着吃。

第四，汤。用勺子舀出来，不要端碗，喝汤的时候不要出声。

第五：水果。用叉子拿。嘴里有核，轻轻吐在叉子上，后放在盘子里。

3. 坐姿与话语

第一，坐姿端正，不能用嘴就碗，应将食物拿起放入口中。

第二，取用较远的食物，应该请他人递送，不要离座去拿。

第三，嘴里有食物时候别说话。

第四，文明讲话，不要影响旁边的客人。

4. 宴会衣着

晚餐可以是商务或社交，有正式的和非正式的。如果你被邀请吃晚餐，但不知道是否是正式的，你应该直接问清楚。如果最后你仍然不知道，你应该以正式宴会的形式穿着，以避免任何不愉快或尴尬场景。

四、着装礼仪

俗话说，"人靠衣马靠鞍"。服装是一种反映文化素养、精神面貌和一个民族物质文明发展程度的文化；穿衣是一门艺术，穿衣是否得体，能体现一个人的精神面貌、文化上的修养、个人的审美情趣。良好职业形象的建立与正确着装密切相关。

（一）男士着装礼仪

（1）三色原则。工作场所的人在正式场合穿正式服装，必须遵循"三色原则"，即全身衣服的颜色不应超过三种颜色。

（2）三一定律。职场人如果穿着正式，三个部位的颜色要一致，在职场标签上称为"三一法则"。具体要求是，职场中的男人穿正装时，鞋子、皮带、手袋的颜色要基本一致，这样才显得庄重得体。

（3）三大禁忌。第一是不拆西装左袖的商标。第二是工作场所的人不应该穿尼龙袜，而是应该穿高质量的棉袜，以避免气味。第三是职场人不要穿白袜子，尤其是职场男人穿正装黑皮鞋的时候。

（二）女士着装礼仪

女性的职业装比男人的更有个性，但有些规矩是所有女性都要遵守的。

职业装的颜色不要很吸引人，要考虑与办公室的颜色和氛围相协调，适合具体的职业分类。服装要舒适方便，适应全天工作。在办公室里禁止穿着袒露的和反光的服饰。在比较正式的场合，要选择女性的正式职业装或裙子；一个比较宽松的职业环境，可以选择款式稳定、线条鲜明、有质感和挺感的衣服。衣服的质地要尽可能顺，不容易起皱。

当聚会穿裙子时，袜子的颜色应该与裙子的颜色协调，袜子口应该避免在裙子外面。年轻女性的短裙在膝盖上3～6厘米不等，中老年女性的裙子应该在膝盖以下3厘米左右。鞋子要舒适、方便、协调、优雅。

五、会务礼仪

（一）接待礼仪

1. 准备工作

（1）会议的筹备工作
① 确定接待规格

会议规模由主办单位领导决定。通常来说，公司内部的一般工作会议是有效的，可以是正式的。对于上级单位主持的会议，由于邀请了各公司的领导代表参加，对接待工作的要求相对规范。通常，公司的一名最高领导直接为会议准备，并创建一个会议小组，专门研究组织会议接待的相关工作。

② 发放会议通知

会议通知应当写明召集人的姓名或者组织机构，单位名称，会议时间、地点、主题和与会人员、差旅费、需要提供的材料和联系方式。通知后附上回访通知，这样可以确定被邀请人是否会参加会议，是否有其他要求参加会议等。

会议通知通常在会议前15到30天内发送，这使得对方有足够的时间将会议回执发回。

（2）会议接待人员分工确定

为确保会议顺利进行，会议接待人员的明确分工如下。

① 确定唯一的联络人

确定唯一联系人并从头到尾联系此人，今天这个人负责联系，明天又换另外一个，会导致收到通知的人不知道会议是哪个部门通知的。

② 确定主席

在会议召集人、参与会议的最高领导人、与会议主题关系最密切的人、最有控制权的人以及所有代表都能接受的人之间选择合适的会议主席。

③ 确定会议记录者

一个好的会议记录员不仅要有倾听、互动和表达意见的能力，还要有良好的组织、综合和比较能力。会议期间，会议记录者有义务帮助与会者系统地及时表达意见和遵循议程讨论。

（3）会场布置礼仪规范

① 会场选择

根据参加会议的人数和会议内容进行选址。最好符合以下标准。

第一是大小合适。地方很大，人数很少，空座多且散漫，给参与者一种衰退感；地方很小，人数过多会显得拥挤，像一个农村集市，不仅显得很吝啬，会议的进程也很难进行。

第二，地点要合理。召集的会议可以在一两个小时内谈完的，会场可以设在参与者最集中的地方。对于超过一天的会议，地点应尽可能靠近与会者的住所，这样避免了与会者的长途奔波。

第三，设施必须齐全。组员要检查灯光、通风、卫生、服务、手机、功放、现场录音，不能"因为上次会议是从这里开的，没问题"，就草草以为"这次会一样顺利"。否则，可能会出现问题。

第四，停车场。现代社会开会，很少有人穿着一双凉鞋带着一把伞来开会的。汽车和摩托车必须有停车位才行。

② 会场的布置

在组织场所时，可以根据不同的人来组织场所。

第一：圆桌会议。这种形式适合 10 到 20 人左右的会议。

第二：口字型。如果用的是长方桌。这种形式最适合人多的会议，而不是圆桌会议。

第三：教室型。这是最常用的形式，适用于以传达情况和指示为目的的会议，此时参与者较多，参与者之间无需讨论和交流意见。这种形式主席台与观众席相对而坐。

讲台座位是根据工作人员的位置和社会地位组织的。主席的座位放在第一排座位的中间，其余的按照上下左右的原则排序。

（4）会场资料准备

小组应准备好关于会议主题的必要信息，这些信息将被组织并分发给与会者，以便于与会者阅读和准备发言。

（5）接待人员提前入场

接待人员必须提前进入各自工作岗位，并在参会人员到达前进入工作状态。一般接待工作是签到、引座、接待三项。

① 签到。设立一个有 1~2 名员工的签字台。如果是高水平的接待，可以派一个礼仪小姐来承担。台上有钢笔，毛笔，签名簿。给客人送笔的时候，一定要脱下笔套、笔尖对着自己，把笔交到客人手里。如果是毛笔的话，送之前要先蘸好墨汁。为了保存，签名应该更精致。如果需要分发物品，必须礼貌地传递它们。接待团队应按时通知会议组织者到场人数。

② 引座。签到后，会议接待员应礼貌地在现场介绍与会者。重要领导必须先引入休息室，由企业领导亲自陪同，并应在会议开始前几分钟坐在主席台上。

③ 接待。与会者坐下后，接待员必须送茶或送毛巾和水果，热情地回答与会者提出的问题，提供尽可能周到的服务。

2. 引导礼仪

（1）陪车引导

客人抵达后，如果需要陪车，宾主双方如何上车，如何就座呢？

在接车的时候，一般有两种情况：有专职司机开车的时候，小轿车1号座位在司机的右后边，2号座位在司机的正后边，3号座位在司机的旁边

（如果后排乘坐三人，则3号座位在后排的中间）。

如果车主是开自己的车，让客人坐在车主右侧，也就是前排右侧的位置。

中型轿车主座在司机后边的第一排，1号座位在临窗的位置。

乘坐中大型面包车时，则前座高于后座，右座高于左座；距离前门越近，座次越高。

当宾主双方并排行进时，引领者走在外侧，让来宾走在内侧。单行行进时，引导者应走在前，客人走在后面，充当导游。

（2）陪同客人行进的位次

首先要把墙让给客人，让客人在右边；陪同导游的默认位置是客人左边大约1米到1.5米。如果客人认路，客人应走在前方。

（3）上下楼梯时

一般来说，女士优先，但是当女人穿短裙时，男人就走在前面了。

（4）国际展会时

在国际惯例中，排序顺序是用拉丁字母分类的，每次联合国会议则是每次抽一个字母排在前面。

3. 服务礼仪

（1）例行服务

在会议期间，通常应指派一名特殊人员在现场内外接待、指导和陪同与会者。出席的贵宾，以及老人、弱者、病人、残疾人、孕妇、少数民族、宗教人士、港澳台同胞、海外华人和外国人，通常需要特殊照顾。必须满足参与者的合法要求。

（2）餐饮安排

长期会议通常在与会者之间组织工作餐。同时，还应该为参与者提供健康美味的饮料。会上提供的饮料最好方便与会者自行饮用，不提倡频频倒茶。这样往往不卫生，不安全，还会妨碍对方。如有必要，与会者还要提供外来来宾便利的住宿和交通条件。

（3）现场记录

所有重要会议必须现场记录，如手写、视频等。可单用某一种，也可以交叉使用。在手写会议笔记时，我们应该努力做到完整、准确和清楚，如会议名称、与会者人数、时间、地点、演讲内容、讨论、临时提案和投票选举。

4. 会后服务

会后，所有接待人员都要做好善后处理工作。

组织活动会议结束后，还会组织一些活动。例如，聚会、晚餐、参观、摄影等，非常复杂，必须有一个统一指挥和协调的领导者，而且领导者必须有很强的组织能力才能胜任。同时，其他接待人员必须积极配合，承担自己的责任，做好自己的工作，确保活动计划的顺利实施。

根据情况组织与会者离开时的交通工具，以便他们能够踏上轻松愉快的回程。

5. 清理会议文件

（1）按照保密原则收集与文件有关的信息。

（2）整理会议记录。

（3）新闻。

（4）主卷归档。

（5）会议纪要。

（二）拜访礼仪

正式拜访应注意哪些？

在工作中，由于各种原因，可能会想去访问其他人。这个时候，更需要注意礼貌，这样才能尽可能成功地完成工作任务和达到访问目的。

如果你即将拜访对方，不管是有求于人还是人求于己，都要密切注意礼仪，不要失礼于人，有损自己的形象。

需要注意什么？

（1）第一，一定要守时。不要让别人白等，不管天气如何，迟到都是一件严重的不尊重人的事情。

如果有紧急情况，你应该通知约见的人。

如果你不能打电话，请别人打电话通知对方。

如果遇到堵车，一定要通知对方晚点到达。

如果对方耽搁了，你也要先到，充分利用多余的时间。

坐在车里仔细思考，整理文件，或者问接待员是否可以在接待室休息。

（2）当你到达时，告诉接待员或助理你的姓名和会议时间，并交付你的名片，以便助理可以通知对方。

冬天穿外套，如果助理不主动帮你脱外套或者告诉你放在哪里，你要主动问。

等的时候要安静，不要花时间聊天，这样会打扰别人工作。虽然你已经等了二十分钟，但不要不耐烦地看钟。你可以问接待/助理什么时候有时间。如果等不到那个时间，可以向接待/助理说明，安排另一个时间。不管你对约见的人有多不满意，都要对接待/助理有礼貌。

（3）当你被带到约见人办公室时，如果是第一次见面，一定要先自我介绍。如果对方已经了解自己，就打个招呼并握手。

一般来说，对方很忙，你应该尽快把话题转移到正题上，而不是闲着。

明确表达你的意思，不要说不重要的话。结束后，让对方发表意见，认真倾听，不要讨论或打断对方的发言。如果有其他意见，听完了再说。

（4）应对主人的举动十分敏锐，当主人有结束会见的意欲时应立即起身告辞，切忌死赖不走。

一定要在到访前先联络妥当，不告而访非常失礼。

到客户办公室前，最好先稍事整理服装仪容。

名片与所需的资料要先准备好，在客户面前遍寻不着，非常不专业。

如果是重要客户，记得控制时间，最好在约定时间内完成访谈，如果客户表现出有其他重要事情的样子，就不要强行拖延，要是为了工作，可以约定下次时间。

重要的约会中，在拜访之后可以给对方一封谢函，表达自己的诚意，增加对方的好感。

（三）乘车乘梯礼仪

1. 乘车礼仪

（1）送上司、客人坐轿车外出办事

一，应首先为上司或为客人打开右侧后门（以国内为例，驾驶位在左侧）。

二，并以手挡住车门上框。

三，同时提醒上司或客人小心。

四，等其坐好后再关门。如果你和你的上司同坐一辆车，座位由上司决定，待其坐定后，你再任意选个空位坐下，但注意不要去坐后排右席。

（2）女性如何优雅上下车

作为女性，上下车姿势必须十分讲究，具体如下。

一，上车姿势仪态要优雅，应该为"背入式"；

二，身体背向车厢，扶裙入座；

三，坐定后即将双脚同时缩进车内；

四，如穿长裙，应在关上车门前将裙子弄好。

迈出靠车门的一只脚，下车姿势应将身体尽量移近车门，立定，然后将身体重心移至不靠车门的一只脚，再将整个身体移离车外，最后踏出另一只脚。如穿短裙则应将两只脚同时踏出车外，再将身体移出，双脚不可一先一后。

（3）乘车座次礼仪

商务活动中的乘车座次尤其需要注意，如有司机驾驶时，以后排右侧为首位，左侧次之，中间座位再次之，前座右侧殿后，前排中间为末席。

2.使用楼梯和自动扶梯

一，与客人一起上楼梯时，如果客人熟悉路，则客人走在前面；如果客人不熟悉路，则主人走在左前方，以进行引导。与客人一起下楼梯时，主人应走在前面。

二，在使用楼梯和自动扶梯时应按先来后到的顺序。有时候并肩走也是可以的。

三，在自动扶梯上，不要和你前面的人靠得太近。

四，如果自动扶梯较宽，应靠右侧站，以便让着急的人从左侧超过。

五，在拥挤的楼梯上，跟随着人流，不论上楼还是下楼一般都应靠右侧走。

当然，如果楼梯只有一侧有扶手，而有的人必须扶着扶手以保证安全，那么，其他人应服从他的需要。

六，在楼梯上催促他人是危险而不礼貌的。要么放慢脚步，要么超过他人，但不要强迫他人加速。

七，如果和你同行的人爬楼梯感到困难，就尽可能使用电梯或自动扶梯。

第二节　大学生职场人际交往能力训练

著名的美国心理学家卡耐基说过，一个人的成功30%靠的是他的专业知识，70%靠的是良好的人际关系。

一、人际交往的含义

人际交往是指社会中人与人之间传递信息、沟通思想与交流情感的过程。人们在各种人际交往过程中形成的彼此之间较为稳定的心理关系，叫人际关系，如家庭中的亲属关系、学校中的同学关系、学校中的师生关系、工作中的同事关系、隶属关系、社会活动中的事务往来关系等。在人际交往中人们之间相互吸引，受邻近吸引、相似吸引、需求互补吸引、个性特征吸引、能力才华吸引、外貌吸引等因素的影响。

二、人际交往的原则

（一）平等原则

在社会主义社会，我们首先要坚持平等的原则，不分贵贱，必须以朋友的身份交往，才能结下深厚的友谊。不要因为工作时间短，经验不足，经济条件差而看低自己，也不要因为自己是毕业生，年轻有学历而自高自大。

（二）相容原则

主要是心理上的兼容性，也就是人与人之间的和谐、迁就、包容、宽容和对人行善时的耐心。主动与人交流，交朋友，交好朋友，不仅交与自己相似的人，更要交与自己性格相反的人，取长补短、求同存异，处理好竞争与兼容的关系，做更好的自己。

（三）互利原则

是指双方互利互惠。人际交往是双向行为，不需要单向交往，没有意义，只有单方面受益的人际交往是无法长久的。因此，双方受益是必要的，不仅是物质上的，也是精神上的。

（四）信用原则

沟通离不开信用。要以诚信为本，不要轻易做出承诺，一旦承诺，就努力去实现，以免失信于人。在朋友中，说了就要做到，不傲慢，不自卑，谦虚不矫饰，对待尊者尊重不讨好，不在弱者身上寻求优越感。

三、人际交往的技巧

（一）基本的技巧

一，记住对方的名字。

二，学会赞美他人：要真诚、要具体、要新颖；要感受性赞扬，不要评比性赞扬；要公开赞扬。

三，谈论对方感兴趣的话题。

四，避免打断对方；抓住重点；使用并观察肢体语言。想好了再说，心直不一定口快。

五，给对方"特殊对待"，而非"惯例对待"。

六，适度的自我暴露；请对方帮小忙；避免当面伤害他人的感情。

七，有错要主动承认；不要总显得比别人高明；避免无谓的争论。

（二）倾听的技巧

1. 消除干扰

内外干扰是阻碍倾听的主要因素。因此，提高倾听技巧的第一个方法是尽量减少干扰。如果可以控制，尽量保持环境安静，把手机调到静音状态。另外，从内部来看，你要充分注意对方，理解对方的肢体语言，理解对方说了什么，以及对方的话所代表的情绪和意思。

2. 对方优先

第一层含义是让对方先开口。首先，倾听别人会让对方觉得我们尊重他们的意见，帮助我们建立和谐的关系，互相接受。第二，鼓励对方先开口，会降低谈话的竞争意义。我们的倾听可以培养开放的氛围，帮助彼此交流意见。最后，对方先陈述他的观点，你有机会在表达观点之前先了解双方一致的观点，这样更容易让你说服对方。

第二层意思是若非必要，避免在不必要的时候打断别人的谈话。善于听别人说话的人，不会单纯因为想强调一些细节，想纠正对方一些无关紧要的地方，想突然转移话题，或者想把一个还没有刚刚结束的句子说完就打断对方的话。打断别人通常意味着我们不善于倾听别人，我们如果有好斗的个性和不礼貌的行为，很难与人交流。

当我们随意打断别人时，我们可能没有完全理解对方的意思。

3. 注意观察

观察肢体语言。当我们与人交谈时，我们的内心感受通过肢体语言清晰地表达出来（表3-2-1）。如果听者态度冷淡，说话者自然会在意自己的动作，不太愿意敞开心扉。反之，如果听话的人很开放，很感兴趣，说明他愿意接受对方，想知道对方的想法，说话的人就会受到鼓励。这些积极的肢体语言包括：自然的微笑，不要交叉双臂，不要把你的手放在脸上，向前一点，经常看着对方的眼睛并点头。

表3-2-1　非语言表述的含义

非语言表述	行为含义
手势	柔和的手势表示友好、可以商量；强硬的手势则意味着：我是对的，你必须听我的
脸部表情	微笑表示友善礼貌，皱眉表示怀疑和不满意
眼神	盯着看意味着不礼貌，但也可能表示兴趣，寻求支持
姿态	双臂环抱表示防御，开会时独坐一隅意味着傲慢或不感兴趣
声音	演说时抑扬顿挫表明热情，突然停顿是为了造成悬念，吸引注意力

保持适当距离。很多动物如鸟类、哺乳动物等都有自己的领土范围，当其他动物进入它们的领土时，它们就会采用威胁、斗争等方式来保护自己的领土，赶走入侵的动物。在人与人沟通时，似乎不存在争夺领土的问题，但事实上，每个人也会有他们的心理领土、心理空间。当交谈时他人没有保持适当距离，人们就会感到不舒服、被侵犯，沟通的效果自然也会打折扣。研究表明，个人的心理空间范围与人与人之间的关系有关（表3-2-2）。

表3-2-2　个人心理空间范围

人际关系类型	心理空间范围
亲近的朋友或家庭	45 cm左右
朋友或亲近的同事	45～80 cm
同事或熟人	60～120 cm
陌生人	大于120 cm

倾听时，尊重他人的心理空间，保持适当距离，会让他人感到更安全、更舒适，表达也会更放松。

注意隐藏信息。很多人不敢直接说出自己真实的想法和感受，经常会用一些叙述或者提问，会暗示自己的感受和看法。然而，这种隐含的论点使交流变得困难，因为如果你遇到一个糟糕的听众，你的意图和内容往往会被误解，最终会导致双方的错误或言语冲突。所以，一旦有了强烈的信号，就要鼓励说话的人说清楚。

4. 听关键词

所谓关键词，是指描述具体事实，揭示一定信息，同时也表现对方兴趣和情绪的词语。通过关键词可以看到对方喜欢的话题和说话人对对方的信赖。

此外，在对方的话语中找到关键词也可以帮助我们决定如何回应对方的陈述。只要我们在自己的问题或感受中加入对方说的内容关键，对方可能会觉得你对他说的话很感兴趣。

5. 关注重点

要理解主要意思，不要被个别枝节所吸引。善于倾听的人总是注重分析什么是重要的，什么是次要的，以了解事实背后的主要含义，避免误解。在我们注意到所有细节之前，我们不会因为没有听到对方的要点、关键或者失去主要内容而浪费宝贵的时间或者做出错误的假设。

6. 鼓励他人

重复别人说话的内容也是很重要的沟通技巧。这种反应可以，向对方表明，我们听到了他的话，理解了他的话。但是，被动听不是简单的重复，而是应该用自己的话来简要描述对方的重点。被动倾听的好处主要是让对方觉得自己很重要，能够理解对方的重点，这样对话就不会被打断。

体会对方的情绪。体验对方的情绪就是重复对方话语背后的情绪，表达自己对他人的理解与感受。

鼓励他人还需要注意反馈。倾听别人的谈话要注意信息反馈，及时查证自己是否了解对方。只有完全理解对方的意思后，对后面的讲话的内容才会有更好的理解。

鼓励他人最简单、直接、有效的方式就是微笑。

7. 适时总结

当我们和人交谈时，我们通常有几秒钟的时间来分析对方的话，找出什么是重要的。我们必须排除无关的细节，把注意力集中在对方所说的要点上，并把这些要点和观点记在心里。

整理重点，也可以帮助我们继续提问。如果能指出对方的一些话只有一半或不为人知，说话的人知道我们一直在听，在努力完全听懂他的话。如果我们不确定对方是否重视这些观点或想法，我们可以通过提问来告诉你我们在谈话中注意到了什么。

在适当的时候可以使用的短语模式总结如下。

（1）如果我没理解错的话，你认为……

（2）让我们来小结一下……

（3）你好像……

（4）你似乎……

（5）你是不是觉得……

8. 理解他人

如果我们不接受演讲者的观点，我们可能会错过许多机会，无法与对方建立和谐的关系。即使说话的人对事情有看法和感受，甚至得出的结论和我们的不一样，他们仍然可以坚持自己的看法、结论和感受。尊重说话者的观点可能会让对方理解我们已经听了，我们也理解他说的话，虽然我们不一定同意他的观点，但我们仍然尊重他的想法。如果我们不能接受对方的意见，我们就很难接受对方，也很难一起建立和谐的关系。此外，它还可以帮助说话者建立信任，使他更能接受他人的不同意见。

（三）礼品馈赠交往

礼尚往来是建立人际关系和拓展业务范围不可或缺的一部分。所以，掌握好送礼的规则和火候十分重要。

（1）人多的场合如何赠送礼品

首先要考虑礼品的数量、礼品发放的范围、礼品的种类。在人多的场合发放礼品，往往可能会漏掉一些人，因此，要格外小心礼品的数量。宁可多备一些，不可少发，否则会导致一些尴尬。

也可双方协商好，只赠主宾，其他客人的礼品另择机赠送。另外，人多场合赠送的礼品不宜过于贵重或具有针对个人的倾向。

（2）选择礼品要考虑赠礼的对象

不同身份的人给不同的礼品非常重要。如果给主人和陪同人员的礼品完全相同，可能会被认为是一种不尊重。

把受礼人的单位或姓名刻在礼品上的某个位置，注明赠礼的理由，会使礼品具有更大的珍藏价值。

同一个人在前后几次见面时要尽可能分别送不同的礼品，否则说明赠礼人欠缺诚意。

（3）礼品的包装

一，包装礼品前一定要把礼品的价格标签取掉，如果很难取，则应把价目签用深色颜料涂掉。

二，易碎的礼品一定要装在硬质材料的盒子里，然后填充防震材料，如海绵、棉花等，外面再用礼品纸包装。

三，要注意从色彩、图案等方面选择合适的礼品纸。不选用纯白、纯黑色包装纸。

四，如果礼品托人转交，或者为了保证受礼人知晓礼品的来源，可以在礼品包装好后，把送礼人的名片放在一个小信封中，粘贴在礼品纸上。

（4）赠礼的时机

赠送礼品没有严格的时间限制，一般习惯如下。

一，送花可以在迎送初期。

二，会谈会见时一般在起身告辞时赠送；签字仪式一般在仪式结束时互赠礼品。

三，用餐时：正式宴会如果有礼品互赠仪式，应按计划在相应时间段赠送，除此之外，一般是在临近结束时赠送；家宴一般在开始前赠送品。

四，祝贺欢庆：一般是开始或者提前赠送。

（5）赠礼的方式

如果是会谈会见等活动，一般由最高职位的人代表本方向对方人员赠送礼品。

赠送应从地位最尊的人开始；同一级别的人员中应先赠女士后赠男士，先赠年长者后赠年少者。

赠送礼品应双手奉送，或者用右手呈交，避免用左手。

有些国家的人在接受礼品时有推辞的习惯，但这只是一种礼节，并不代表拒绝。如果赠送的礼品确实没有贿赂之意，则应大胆坚持片刻。如果对方坚持拒收，则可能确实有不能接受的理由，不能一再强迫，也不应表现出不高兴的情绪。

① 接受赠礼

一般不当面拒绝礼品。如果认为对方的礼品考虑欠妥，应在事后及时予以说明，取得对方的谅解后再行退还。

一般而言，东方人接受礼品时，在表示感谢后，往往会把礼品收起来；而西方人往往习惯于当场打开礼品，表示赞美，有时还会表示礼品正是自己期待已久的物品等等。

西方的习惯一般在收到礼品一周之后，会写一封信表示感谢。

② 回礼

一般而言，来客应该赠送礼品，主人则应回礼。回礼的方式可以有很多种，既可以回赠一定物品，也可以用款待对方的方式来回礼。如果是回赠礼品，应注意以下几点。

不超值。回礼的价值一般不应超过对方赠送的礼品，否则会给人攀比之感。

收到私人赠送的礼品，回礼时应该有一个恰当的理由和合适的时机，不能为了回礼而不选时间、地点单纯回送等值的物品。

分别时是最好的回礼时机之一。

四、大学生人际关系综合诊断量表

指导语：这是一份人际关系行为困扰的诊断量表，请你认真完成，然后对照后面对测验结果作出的解释检查自己的人际关系是否和谐。

（1）关于自己的烦恼有口难言。（　　　）

（2）遇到陌生人不自然。（　　　）

（3）过度羡慕或嫉妒他人。（　　　）

（4）与异性交流少。（　　　）

（5）连续对话很难。（　　　）

（6）在社交场合会感到紧张。（　　　）

（7）说话时不时伤人。（　　　）

（8）和异性交流似乎不太自然。（　　　）

（9）和一大群朋友在一起，经常感到孤独或失落。（　　　）

（10）容易尴尬。（　　　）

（11）与别人不能和睦相处。（　　　）

（12）无法掌握与异性相处的界限和尺度。（　　　）

（13）不熟的人，为了获得同情，讲述他的遭遇时，往往会感到不自在。（　　　）

（14）担心别人对自己有不良印象。（　　）

（15）总是尽力得到别人欣赏。（　　）

（16）偷偷思慕异性。（　　）

（17）很少谈及自己的感受。（　　）

（18）对自己的外表缺乏信心。（　　）

（19）讨厌某人或被某人所讨厌。（　　）

（20）蔑视异性。（　　）

（21）不能认真听人讲话。（　　）

（22）没有可以倾诉自己烦恼的朋友。（　　）

（23）被人排挤或冷漠。（　　）

（24）被异性看不起。（　　）

（25）不能听取他人意见、看法。（　　）

（26）常因为他人的话而暗自伤心。（　　）

（27）常被别人议论、愚弄。（　　）

（28）与异性交往不知道如何更好地打交道。（　　）

测试分数的解释：

28个问题，选"是"的打"√"，计1分；选"非"的打"×"，计0分

总分在0～8分之间，这意味着你和朋友相处融洽，你很受欢迎，得到许多人的善意和认可。

总分在9～14分之间，你在和朋友相处融洽方面有一定的难度。

总分在15～28分之间，表明你在同朋友相处上的行为比较有问题。

总分超过20分，意味着人际关系行为中的紊乱程度非常严重，通常伴随着明显的心理障碍。

第三节　大学生职场时间管理能力训练

一、以终为始——发现你的人生目标

（一）目标的重要性

法国有一个故事叫《布里丹之驴》，是说一头又饥又饿的驴子走到两堆稻草之间时，竟然为不知道先吃哪一堆草好而大犯踌躇，大伤脑筋！最后饿死在两个草堆之间。

目标的功能就是让你在面临各种选择时有一个清晰的原则，让你的行动富有效率。大学生在求职的时候，目标尤其需要明确。例如参加一个大型招聘会，一个目标不清晰的学生进入招聘会后只会是走马观花地遛一圈，也不大可能被用人单位看上。而目标明确的学生可以直奔主题，到目标单位投出简历，并等空闲的时间（例如中午吃盒饭的时间）和用人单位进行沟通，证明自己的能力，求职成功的概率会增加很多。在求职的活动中，锁定雇主的求职方法比"海投"成功的概率会高很多。

在生活和工作的其他方面也需要我们具有目标。你如果没有目标，就像开车没有目的地一样，不管你开得多快，你什么地方也去不了。

（二）有效目标的特征

有效的目标必须符合SMART原则。

S（Specific）：具体的，明确的，不能含糊不清。

M（Measurable）：可衡量的，能度量的。

A（Achievable & Challenging）：可达到但必须有一定挑战。

R（Rewarding）：目标需有一定意义，相关及有价值的。

T（Time-bounded）：有明确时间限制的。

1. S（Specific）：具体的

有研究者曾经做过一个试验，他把人随机分成两组，让他们去跳高。

两组人的个子差不多，先是一起跳过了1米。他对第一组说："你们要跳过1.2米。"他对第二组说："你们要跳得更高。"经过练习后，让他们分别去跳，由于第一组有具体的目标，结果第一组每个人都跳过1.2米，而第二组的人因为没有具体目标，所以他们中大多数人只跳过了1米，少数人跳过了1.2米。这就是有和没有具体目标的差别所在。

2. M（Measurable）：可衡量的

目标应该是可以衡量的，也就是说你的目标对于将来是否能达到有明确的判断。例如"具有丰富的英语词汇量"，这就是不可衡量的。但如果把目标定成"六级的词汇书中不认识的单词不超过10个"，这就是可以衡量的。

3. A（Achievable & Challenging）：可达到、有挑战

达成目标的程度对个人的激励性是一个倒U形曲线。过低的难度和过高的难度都不具有激励性。

在心理学研究中有一项成就动机的实验。一些人被邀请参加一项套圈的游戏。在房间的一边钉上一根木棒，给每个人几个绳圈套到木棒上，离木棒的距离可以自己选择。距离一旦选定，就必须站在那个位置投。站得太近的人很容易就把绳圈套在木棒上，觉得这个活动没意思，于是很快放弃了；有的人站得太远，总是套不进去，也很快就放弃了；但有少数人站的距离恰到好处，不但使游戏具有挑战性，而且他们也还有成就感。这个实验说明要想目标有激励性，就需要设定既具挑战性又能达到的目标。

4. R（Rewarding）：有意义，有价值

目标应该是有意义的，而这个意义是主观的。例如，一个初入职场的朋友的目标是让自己的父母过上幸福的生活。他对幸福的定义就是在城市买一个大房子，把父母接过来一起生活。一次与父母交流中，父母得知他的想法，很是感动。但接着告诉他，其实他们并不喜欢大城市的生活，还是喜欢生活在农村，因为那里有很多亲戚朋友，生活也自由，只要他能经常回去看看他们，他们就会感到幸福了。

5. T（Time-bounded）：有明确时间限制的

如果一个目标的定义中，没有时间的限制，一般很容易被无限期地拖延下去，最后只是一个梦想。

任何一个目标的设定都应该有时间的限定，比如："我一定要通过英语六级考试。"目标应该很明确了，只是不知是在一年内完成，还是十年后才完成。我们总会有很多目标，但目标实现不了的很大一部分原因就是我们没有为这些目标设定时间上的限制。

（三）探索你的人生目标

探索人生的目标有很多方法，例如偶尔做做白日梦。美国时间管理专家阿兰·拉金在《如何掌控自己的时间和生活》一书里提供了一个简单便于操作的方法。

拿出几张纸，一支铅笔或钢笔，一只带有秒针的手表或时钟，为自己设定15分钟时间。在纸的最上端写下问题，我的人生目标到底是什么？尽量写满一张纸。

拿出第二张纸，回答第二个问题：如何度过今后三年？尽量写满一张纸。

拿出第三张纸，回答第三个问题：只活六个月怎样过（如果我知道自己会在六个月后被雷电击中），我会怎样度过这六个月的时间？尽量写满

一张纸。

做完这个练习以后，你将会在纸上得到很多目标，对这些目标进行归类、排序，找出那些对于你非常重要的目标。

二、岁月留痕——你如何利用时间

（一）了解你的时间使用情况

美国管理学者彼得·德鲁克认为，有效的时间管理主要是记录自己的时间，找出时间花在哪里；管理好自己的时间，尽量减少非生产性的工作时间；集中你自己的时间，以零星的时间为中心，成为一个连续的时期。除非你分析你时间的使用情况，否则你无法节省时间或更有效地管理你的时间。你通常如何利用时间？要回答这个问题，感情和记忆是不够的，必须依靠准确的记录。就时间管理而言，你觉得自己整天都在忙着工作，但也许你一天的大部分时间都在处理各种任务，聊天，在网上看新闻，实际上只工作了几个小时。所以要详细记录你的活动，才能客观了解你的使用时间的格局。

要了解你的时间是如何使用的，你可以使用时间记录进行注册。准备合适的工具，如钢笔、空白时间表（最好间隔15分钟或半小时），详细记录你一周的活动。

记录中要包括以下几点：活动的开始时间、结束时间、地点、自我感觉效率、是否按计划完成（或者是否是计划安排的事情）中途中断的次数、原因和长短。表3-4-1是一份记录的空白样表。

表3-4-1　每日时间记录表

_____年____月____日星期____

	项目	地点	效率自评	计划	中断说明
6：00					
6：30					
7：00					
7：30					
22：00					
6：00					

填表说明如下。

项目：这段时间所做事情的说明。

地点：进行活动的地点。

效率自评：对完成效率的自我评价，可以用ABC标记，如果效率有较大波动，则标出来，如A–B（由高效率变为中等效率），或A–C–B（由高效率变为低效率再变为中等效率）。

计划：用百分数表示计划的完成比例，100%表示完成这段时间应做的事情，50%表示只做完了一半，N/A表示这件事是计划以外的事情。

中断说明：注明中途中断的次数、原因、持续时间。

如果我们进行一周的记录的话，就更能了解我们时间的使用情况。我们可以把表3–4–1的记录汇总到下面的表3–4–2中。

表3–4–2　每周时间记录表

时间	星期一	星期二	星期三	星期四	星期五	星期六	星期日
6：00							
6：30							
……							
21：30							
22：00							

如果能坚持一周，我们就会有一个宝贵的时间记录表，对此我们可以进行细致的分析。

一，找出那些耗费最多的时间的事情。考虑一下你是否准备继续在这些事情上花去那么多的时间。

二，思考你是否有时间去完成一些自己很想完成的事情，如果有的话，有多少？在哪个时间段？

三，找出那些很难完成而且又非常耗费时间的事情。考虑一下是否需要放弃。

四，通过以上的分析，你会发现在利用时间上存在的不足，并能很容易找到改善之道。

（二）从分析到改变

1. 找到你时间的主人

你的时间的主人是谁？（家人？上司？电视？你的手机？你的胃？或

者你的意志？）

很多人一旦让自己的手拿起手机，就开始不知不觉地浏览网页、网络聊天、玩网络游戏，他的时间的主人就是手机。

在你没有仔细规划自己的时间以前，你的时间是"公共资源"，任何人、任何事都可以随意占用，而你却没有感觉。你不是时间的主人，你的时间是为别人服务的或在毫无价值地流逝着。

你需要仔细地观察自己的时间使用模式，找出你的时间的控制者，并重新取得对时间的控制权。

2. 做自己时间的主人

在这场时间控制权的争夺战中，需要一个人坚强的决心和毅力。

富兰克林年轻的时候就确定13项他坚持培养并坚信能够让他完美和成功的品格。这些品德包括：节欲、沉默、有条理、坚定、勤奋、真诚及谦卑等。

富兰克林认识到，人不是通过思考改变的，只有通过行为才能改变。富兰克林为自己设计了一个自我完善计划：集中精力用一周的时间去实践一项品德，然后转向下一项。富兰克林成功地做到了这一点，有效地利用自己的时间，从而取得了辉煌的成就。

3. 平衡我们的生活

我们盘点时间使用的现状并不是让我们成为时间狂人，而是让我们平衡事业和生活，获得最终的幸福。

时间管理大师赛韦特认为，我们需要在生活的四个方面找到一个黄金平衡点。

（1）家庭与社会交际：家庭、夫妻关系、朋友、爱、外界关注、社会认同。

（2）事业与成就：成功、升职、金钱、稳定的生活。

（3）健康：饮食营养、充沛的体力、放松解压、精神状态。

（4）人生的意义与价值：自我实现、心理满足、信仰、哲学思考、关于未来的设想。

在每周时间记录表里，对过去一周发生的事情按照以上的4个方面进行分类，并用不同的颜色进行标注。红色代表家庭和社会交际，黑色代表事业与成就，黄色代表健康，蓝色代表人生的意义与价值。生命是由这四种颜色组成的，缺少任何一种颜色都会导致失衡。我们需要对生命进行把控，将人生的画笔掌握在自己手里，画出绚烂的人生。

三、要事第一——制定你的日程安排

（一）安排日程的主要原则——要事第一

意大利的经济学家和园艺师维尔弗雷多·帕累托（Vilfredo Pareto）发现：菜园里80%的豌豆源自20%的豌豆荚；意大利80%的土地为20%的人口所有。后来又发现很多事物都存在80/20之间的规律，于是提出了"80/20法则"。

一般情形下，产出或报酬是由少数的原因、投入和努力所产生的。原因与结果、投入与产出、努力与报酬之间的关系往往是不平衡的。

在日常生活中这些例子不胜枚举：

80%的生产来自于20%的生产线；

80%的销售额来自于20%的客户；

80%的病假条来自于20%的员工；

20%的业务员创造了80%的销售额；

20%的人口消耗掉80%的医疗资源；

20%的人际关系带来了80%的个人幸福

……

这些规律和现象提示我们应该集中精力处理那些重要的20%的工作，而不要浪费精力在那些价值不高的活动上。

在1960年美国总统竞选的时候，尼克松即使到了最后的关键时刻，还是坚持跑完了阿拉斯加、夏威夷、怀俄明等州，以履行自己要"踏遍五十个州"的誓言，而对手肯尼迪却集中在那些人口众多的大州展开宣传，并最终赢得了这场竞选的胜利。

我们在完成每天的任务的时候，不是看完成了多少件事情，而是看完成了多少件对你来说重要的事情。要事第一，是时间管理的精髓所在。

（二）什么时间安排日程

我们最好选择早晨或前一天晚上来安排日程。

选择早晨安排日程的好处就是，早晨会比较清醒，可以帮助你一天都维持比较好的劲头，帮助你很快把事情一件一件完成。

不过大多数时间管理专家和职场精英还是推荐晚上来安排第二天的日程安排，因为当你做出日程安排，计划出第二天工作进入到睡眠之后，你的思维并没有因为睡眠而停止工作，可以为你将要进行的工作想到不错的

方案，并且可以让你第二天到了办公室马上进入工作状态。

（三）如何安排日程

1. 为每个重要的目标设定完成的期限

在时间管理上有一个著名的帕金森定律：如果你不加以控制，工作会自动地膨胀并占满所有可用的时间。假设这条定律是正确的，那么对于如何设定任务的期限，你需要特别注意。给自己的时间太多，就会占用所有可用的时间；给自己的时间太少，就会觉得压力太重，甚至还没开始就被任务压垮了。

设定实际可行的期限并不意味着在任务开始之前要花费大量时间来准备和计划，它仅仅要求你做到以下几点。

一，将工作分成若干个行动。

二，考虑需要涉及的人或事。

三，考虑此时还需要完成什么其他工作。

四，考虑用于各项任务的具体时间。

设定实际可行的期限不仅能够使你达到目标，还能帮助你真切地感受到所取得的进展。

2. 制订任务列表

撰写任务列表是一个记住所需完成任务的好方法，但该列表只有在帮助你确切指出你需要完成什么时才有用处。

若任务列表真正有用，表中各项应符合AIMS标准。

A（Action-centered）以行动为中心的：在撰写任务列表之前，与其确定宽泛目标，不如确定具体行动。

I（Incremental）可拆分的：如果不将工作切分成较小的、易管理的单个任务，工作就显得繁重不堪。列出与以行动为中心的任务有关的所有具体行动，这样能使你游刃有余地处理好工作并知道工作的完成情况。

M（Measurable）可测量的：要想使以行动为中心的任务具有可测量性，可对其进行描述，这样可以评估你是否成功地完成了任务。例如像"安排会议"这样目标过于模糊，应该改成"寻找并预定会议地点""设计会议手册"。

S（Scheduled）有时间限制的：为每项以行动为中心的任务加上时间框架。

通过将每项任务切分，使其具有可测量性，这就可以帮助你确定实际可行的期限，从而详细了解任务所涉及的方方面面。

使用AIMS标准撰写有效的任务列表能使你精力集中在需要达到的任务目标上，并提高了完成列表中所列任务的成功率。下面是一个任务列表的样例（表3-4-3）。

表3-4-3　任务列表样例

任务：召开公司年度会议	
具体行动	完成时间
1. 确定会议地点	7月1日前
2. 确定会议议程	7月2日
3. 发布会议通知	7月3日
4. 会议具体会务工作筹备	7月7日前
5. 会议召开	7月10日

3. 利用优先级矩阵

每人每天都有一些需要完成的任务。为了防止遗忘，将它们列在一张清单上是个很不错的办法。但是光记住任务还不够，还需要对每项任务进行优先排序。

优先级矩阵是一个很有用的工具，能够帮你对工作进行有效的优先排序，并区分任务的重要性。

在优先级矩阵里（图3-4-4）有两个重要的维度：重要性和紧急性。重要性是对于进行时间管理的人而言的，对于重要性的判断和一个人的价值观有非常大的关系，同样一件事，可以被一个人判断为重要的事件，而被另一个人判断为不重要的事件。例如一次英语六级考试，对于想要保送读研究生的学生来说就是重要的事，因为外语六级是一个必备的条件，而对于其他的学生来说重要性就低一些。紧急性是就事而言，如果这件事如不马上处理，就不能按照规定的质量按时完成，这就是一件紧急的事。例如你要去参加一个会议，如果不马上出发可能就会迟到了，这就是一件紧急的事。

表3-4-4　优先级矩阵

	紧急	不紧急
重要	紧急事件 有期限要求的项目 需要立即解决的问题	策划 建立关系 个人发展或识别新机会
不重要	应付干扰 一些电话或电子邮件、会议 处理其他人关心的事情	处理垃圾邮件、直销信件 浪费时间的工作 与同事的社交活动 个人感兴趣的事

（1）既紧急又重要

既紧急又重要的任务包括紧急事件、有期限要求的项目或需要立即解决的问题。紧急的任务趋向于那些具有高度可见性的工作，他们对其他人而言很重要，而且它可能会吸引你，因为它让你感觉你会快速地达到某个目标。紧急的任务需要引起注意。

（2）重要但不紧急

重要但不紧急的任务包括策划、建立关系、网络工作、个人发展或识别新机会。重要的任务帮助你完成长期的使命或目标，而且要求更多的计划。对于重要的任务你不仅仅要做出反应，而且要提前行动。

（3）紧急但不重要

紧急但不重要的任务包括应付干扰、一些电话或电子邮件、会议和处理其他人关心的事情。由于这些任务比较紧急，你需要处理它们，关键是不要花费太多时间。他们可能紧急，但对你个人而言并不重要，所以应尽快把他们处理完，然后继续其他工作。

（4）既不紧急又不重要

既不紧急又不重要的任务包括处理垃圾邮件、直销信件、浪费时间的工作、与同事的社交活动和个人感兴趣的事，把这些工作放到最后，在你没有其他更重要的工作时，完成这些任务。

当你有多种不同的工作任务需要处理时，排列优先次序就变得非常困难了。使用优先级矩阵将帮助你确定每一项任务的紧急性与重要性，以便更好地处理各项任务。在处理这四类事件时，首先集中精力要处理好第一类事件（紧急又重要的事件），然后处理第二类事件（紧急但不重要的事件），第二类事件的处理原则是能授权别人处理的就让别人处理，别人无法代劳的尽快处理完，不能让这些事情占用你太长时间，如果处理第二类事件比较快的话，那你就会有一些空余的时间，每天利用空余的时间进行第三类事件（重要但不紧急的事件），而对于第四类事件（不重要不紧急的事件）是最后考虑的。

有些人把大部分的精力用在第一类事件上，当他处理好了以后，由于过少的关注第二类事件，于是第二类事件随着时间的推移变成了第一类事件，会使他疲于奔命，应接不暇。而另外有些人会偏重于第三类事件，做什么事情都是他人优先，最终自己得不到发展，其结果极有可能被用人单位淘汰。对于一个优秀的职场人士，应该重点关注第二类事件，在危机没有形成之前就完成，并识别出自己的发展机会，提前准备。

第四章 大学生职业生涯规划概述

作为特殊的青年群体，大学生具有充沛的精力和较强的适应能力，他们无论是在人格、思想行为、性格特征等方面还是职业能力、职业观念、职业理想等方面，都有着极强的可塑性。而大学校园又为学子们提供了一个安静、舒适而又丰富多彩的学习环境，可以说，大学阶段的学生生活会对大学生的人生产生深远影响，大学的学习生活经历对其今后的职业发展也必然有着重要意义。对于刚刚踏进大学校园的学生而言，他们刚刚摆脱了高中阶段的被动学习模式，在感受多元学习资源带来的无限欣喜的同时，也必然会产生选择的困惑。在这一过程中，大学生还要学会将被动学习转化为主动学习，学会自我规划、自我管理，并在大量学会理论知识的同时掌握必要的专业实操技能。在这一过程中，大学生最容易出现职业生涯规划方面的困惑，因此帮助大学生做好职业规划，能够帮助其尽快摆脱大学迷茫期，进而在大学阶段获得更多收获。

第一节 大学生职业生涯规划的基本理论

一、职业生涯的内涵与意义

（一）职业生涯的概念与内涵

"职业生涯"（career）是指一个人一生从事的职业历程。在 20 世纪初，社会发展相对稳定，一个人从事某职业之后，基本上不会发生大的改变，职业生涯的概念与职业或工作几乎没有什么差异。之后，随着社会经济的发展，社会变更加快，职业稳定性相应降低，不少人一生中可能会多次变换职业。这时，人们对职业生涯有了新的认识，逐渐开始注重其发展性，强调职业的发展变化。

就目前而言，不同的学者对职业生涯的定义与内涵解读存在着一定的差异，所以我们可以根据不同的角度来对职业生涯进行较为全面的分析。从担任职务的历程来看，职业生涯是指一个人职业发展与进步的过程，也可被看作企业内部的等级晋升；从工作经历方面来看，职业生涯是一个人一生工作经历的总和，包括其在企业生活中从事过的各种工作以及获取的职业经验；从个人的主观因素方面来看，我们也可将职业生涯理解为个人对自己职业的规划和事业理想，等等。

虽然职业生涯有着各不相同的内涵与定义，但我们可以从中窥探到人们对职业生涯认识的共同之处，即指一个人在其整个生命过程中所从事的全部工作和获得的工作经验与技能的总和。从时间角度看，职业生涯包括一个人有意识地对自己的职业进行规划、准备、从事职业、改变职业、直到退出劳动的全过程。在这一过程中，职业经验的积累既可以是连续的，也可以是间断的。一些人认为，大学生尚未真正进入职场，因此不可能对自己做出有实施价值的职业生涯规划，其实这种说法并非完全正确。虽然大学生没有积累一定的职业体验，但在进行专业学习的过程中已经获得了初步的职业技能，并对本专业相关的工作性质有了大致的了解。并且，大学时期正是进行职业兴趣培养和树立职业生涯规划的关键时期，是走入社会从事不同职业的准备阶段，因此能够做出初期的职业规划。

综上所述，作为一种客观存在，职业生涯的内涵主要有四方面的内容：第一，职业生涯是一个个体概念，指一个人一生的职业经历，而非群体或组织的职业经历；第二，职业生涯是一个职业概念，是一个人所有职业历程的总和；第三，职业生涯是个时间概念，指一个人的职业生涯期，每个人的职业生涯期都不一样，因个体因素而或长或短；第四，职业生涯是一个动态发展的概念，指一个人的工作内容和职位的变化。因此，职业生涯不仅包括工作时间的长短，还包括工作变化和职位发展，包括从事何种职业，职业发展的阶段，职业的转换、晋升等具体内容。

（二）职业生涯的分类

职业生涯主要可以分为两类：外职业生涯和内职业生涯。

1. 外职业生涯

外职业生涯，是一个人在一生的职业生涯中经历的职务变化和积累的物质财富的总和。外职业生涯反映出一个人从事工作时的工作单位、工作内容、工作职务、工作环境、工作地点、工作成就、社会地位、荣誉待遇等因素的组合以及变化过程，也包括由职业各个阶段所构成的通路。

有的人致力于追求外职业生涯的成功，为"名利"所累，却容易忽视个人自身素质的发展与提高（内职业生涯）。同时，外职业生涯通常是由别人决定、给予和认可的，会受到一些个人无法左右的外在因素制约，因而职场上的激烈竞争或不公正的社会环境往往会使一些人士感到怀才不遇，甚至萌发"既生瑜，何生亮"的感叹。尤其是在职业生涯初期，外职业生涯因素的取得往往与自己的付出不符。

2. 内职业生涯

内职业生涯，指一个人在整个职业生涯中通过不断工作而提升自己的职业素养以及获取工作能力和技能的总和。内职业生涯反映了一个人在职业生涯中所具备的知识、经验、观念、心理素质、能力、内心感受等因素的组合及其变化过程。内职业生涯更关注个体，重视个体在职业生涯中取得的成功和实现的工作理想与家庭责任、义务以及个人生活之间的动态平衡。内职业生涯是别人无法替代和窃取的人生财富。其各项因素的取得，如个人职业能力的提升等，虽然可以借助外界帮助，但主要依靠自己的努力追求、不断摸索、刻苦学习而得以实现。

内职业生涯的各个构成因素具有不可剥夺和收回的基本特性，这一点与外职业生涯的各构成因素有着本质的区别。换言之，在一个人职业生涯过程中所获得的职务以及财富等，都只是一种表象，一旦职业环境改变，便会失去。而在工作过程中逐渐积累的职业经验、获得的知识、掌握的技能、培养的品德等，则会转化为个人生命中重要的财富，是不会失去，也不可被剥夺的。内职业生涯是外职业生涯发展的前提和基础，也是促进外职业生涯发展的有力推动者。所以，无论在职业生涯的任何一个阶段，首先要重视对自己内职业生涯的规划和发展，尤其在职业生涯的初期和转型期，内职业生涯的各个因素对整个职业生涯都起着重要的作用。

总而言之，内职业生涯具有主观性，其对客观的外职业生涯能够产生重要的影响；而外职业生涯也会反作用于内职业生涯，即为内职业生涯的发展提出新的要求，并促使内职业生涯的快速提升。在绝大多数情况下，外职业生涯都会受到较大的环境影响，因此在环境改变时容易被剥夺；而内职业生涯的发展主要取决于个人的努力，因此不会轻易丧失。这就要求大学生在校期间，要努力提升自己的内职业生涯要素，为毕业后外职业生涯的发展奠定基础，才能实现内外职业生涯的"无缝对接"（图4-1-1）。

图4-1-1　内职业生涯和外职业生涯的关系

另外，根据每个人职业生涯不同的变化特点和状态，还可以将职业生涯分为传统性职业生涯和易变性职业生涯。传统性职业生涯的特点是比较稳定，从事传统性职业生涯的人不会经常改变行业。例如一个人最初从事技术员，经过不断的学习和工作经验的积累，逐渐晋升为助理工程师、工程师或者高级工程师。这种职业生涯一生只从事一个行业，因此被称为传统性职业生涯。易变性职业生涯是指随着一个人工作兴趣、工作能力、个人价值观的不断变化，而改变自己的工作环境和工作行业。从事易变性职业生涯的人可能从事多种行业。例如最初从事技术员，之后又从事管理工作、金融或网络工作等。

（三）职业生涯的发展阶段

我们可以根据时间及发展顺序的不同，将人的职业生涯分为不同阶段，每个阶段都有着各自的职业发展目标和任务。职业生涯发展阶段理论最初由西方职业管理学家和心理学家提出，例如金斯伯格、萨帕、格林豪斯和施恩的理论等，这些学者的理论在学术界最具代表性。此外，还有里文森的"六阶段说"、罗宾斯的"五阶段说"等，也获得了不少职场人的认可。这些理论主要研究人在职业生涯的不同阶段中进行的职业行为等问题。主要包括职业生涯的划分、职业适应和职业发展任务等，相关的研究成果对职业发展指导有着积极意义，标志着职业辅导理念的革新和职业辅导方式的细化发展。就职业生涯发展阶段的划分方式而言，目前认可度最高的是由美国著名的职业管理专家萨帕提出的五分法。萨帕为研究这一问题进行了长达20年的调研与实验，并总结出人生完整的职业发展阶段模式。萨帕的研究从人的终生发展角度入手，提出了自身的职业发展理论。他将人的一生分为成长阶段、探索阶段、立业与发展阶段、维持阶段和衰退阶段，同时总结了不同发展阶段的发展特点，如表4-1-1所示。

表4-1-1　不同职业发展阶段的特点

职业发展阶段	对工作方面的需求	情感方面的需求
成长阶段 （1～15岁）	希望尝试不同行为方式，并开始思考自己的能力及工作要求	希望获得他人的认同并逐渐形成独立的自我概念
职业探索阶段 （15～25岁）	要求从事多种不同的工作，希望自己探索	进行试探性的职业选择，在比较中逐渐选定自己的职业
立业与发展阶段 （25～45岁）	希望从事具有挑战性的工作，希望在某一领域发展自己的专业知识和技能，希望在工作中有创造性，希望在3～5年后转向其他领域	希望面对各种竞争，敢于面对成败；能处理工作和人际关系矛盾；希望互相支持；希望独立自主
职业维持阶段 （45～60岁）	希望更新技能，希望在培训和辅导青年员工中发展自己的技能	具有中年人较为成熟的思想感情；对工作、家庭和周围的看法有所改变；自我陶醉以及竞争性逐渐减弱
职业衰退阶段 （60岁以后）	计划好退休，从直接决策转向咨询和指导性工作，寻找自己的接班人，寻找组织外的其他活动	希望把咨询看作对他人的帮助，希望能欣赏和接受组织外的其他活动

　　通过观察表4-1-1中的阶段划分方式，我们能够发现，大学生正处于职业探索的重要阶段。这一阶段中，大学生对自己职业的规划往往以兴趣爱好为主要引导，而这一阶段的目标就是将自己的职业爱好转化为具体的职业定向。为此，大学生首先要广泛参与各种校内外活动，一方面培养自己的兴趣爱好和特长，发掘自身优势；另一方面要培养自己的综合实践能力，这样能够使未来选择职业时有较大的弹性。

　　职业探索阶段又包括三个时期。

1. 尝试期（15～17岁）

　　这一时期的职业选择主要是通过幻想、探讨、课外活动等方式进行，由于青年阶段的学生尚未接触职业生活，尽管在进行职业规划时会考虑到个人需要、个人能力及就业机会等多种因素，但还是会以个人兴趣为主要向导。所以，这一时期青年学生的职业规划任务就是明确自己的职业偏好。

2. 过渡期（18～21岁）

　　个人进入劳动力市场或专门的培训机构，更多地考虑现实并试图补充对自我认知的看法，该时期的发展任务是明确一种职业倾向，将一般性的选择转为特定的选择。

3. 实验和初步尝试期（22～25岁）

这一时期，个人已经初步确定了职业方向，并开始真正进入职场。一旦选定了从事的行业，那么可选择的工作范围就会缩小，并且只会更多考虑能提供给自己机会的工作。但由于之前对自己的职业规划是建立在想象的基础之上的，所以在进入职场后，难免会感到理想与现实之间的差距。因此，这一阶段对职业的选择具有实验的性质，所作出的职业决定仍然是暂时的。这就是为什么刚刚毕业的大学生普遍会频繁地更换工作。这一阶段的主要任务是实现一种职业倾向，发展一种现实的自我认知，了解更多的机会。现实中，职业生涯是一个动态发展的持续性过程，每个阶段之间没有明确的分界，而且还常常因个人自身条件和成长环境的差异而或长或短，甚至出现阶段反复进行的现象。因此，萨帕的职业发展理论在现实指导方面面临着较大的困难。

美国著名的职业指导专家金斯伯格曾专门针对青少年的职业心理发展进行了深入细致的研究。他对出生于美国富裕家庭的儿童，从幼年到成年的职业想法与目标进行了调查，并根据调查结果将职业生涯分为幻想期、尝试期和现实期三个阶段。金斯伯格的研究重点在于刚进入职业生涯时人们的职业意识或职业追求的发展变化过程。而另一位著名的职业指导专家格林豪斯则与金斯伯格的观点不同，他认为职业生涯的划分不能仅仅依据年龄的不同，而要以不同职业生涯所面临的主要职业任务为角度，他以此也提出了自己的职业划分理论。格林豪斯将人的职业生涯分为职业准备阶段、进入组织阶段、职业生涯初期、职业生涯中期和职业生涯后期五个阶段。同时，美国著名职业管理学家、心理学家施恩，则将人在组织中的角色与定位作为职业生涯规划中的重要因素，并将其与职业生涯阶段的划分相联系，将职业生涯分为成长探索、进入工作世界、基础培训、早期职业的正式成员资格、职业中期、职业中期危机、职业后期、衰退和离职、退休九个时期，即所谓"九分法"。施恩的职业划分更加强调职业行为的发展和职业状态的重要性，这一分类标准显然更加准确明了。虽然施恩的职业阶段的划分也基本依据年龄增长的顺序，但他并没有完全受限于此，更多的还是依据职业状态、任务、职业行为的重要性进行的。这几种职业生涯阶段划分理论各有侧重、各有优势，虽然具有很多不同，但同时他们都认为，一个人的职业选择伴随着他们成长发展的一生，在不同的职业发展阶段，应该进行不同形式与内容的职业指导。尽管不同研究学者的理论有所区别，但他们彼此之间也具有相互联系的密切关系，前一阶段的发展情况会对下一阶段产生重要影响，并以"职业成熟"来评判人员的职业成功程度。上述理论都强调人们的职业心理是一个动态发展的过程，个人与职业的契合要经过多次的尝试才能最终实现，并从从动态角度来研究人的职业行为和职业发展阶段。对于具体的个人来说，这些理论都比较空泛，无法对实际的职业生涯进行直接指导与决策，但划分清楚职业生涯，有利于个人明确不同发展阶段的重点，进而推动个人职业生涯的发展。

二、职业生涯规划概述

（一）职业生涯规划的概念及其特征

20世纪中叶，美国职业管理学家布里奇特·A·赖特在其所著的《成功的职业生涯规划》中正式提出了"职业生涯规划"这一概念。但对这一概念的内涵，不同的学者仍有大同小异的各种看法。

1.职业生涯规划的概念

职业生涯规划（career planning）又叫职业生涯设计，具体来讲，就是对个人的职业生涯发展提前进行计划和安排。如果要进一步对其进行解释，则可以说，职业生涯是指个人在不断了解自己主观愿望和客观环境条件的基础上，通过分析、测定和总结，对自己的职业发展设立目标，并据此选择特定的职业发展道路。大到人生事业目标的确立，小到每天工作计划、学习进程的安排等，都是职业生涯规划的重要组成部分。可见，职业生涯规划是指个体为未来职业发展所做的一种分析、策划和准备。

显然，这个概念所指的只是个人职业生涯规划。根据定义，我们可以看出职业规划的五大要素：知己、知彼、抉择、目标、行动。首先，职业生涯规划要对每个人的特点和差异进行分析，之后对个人所处的外界环境和社会条件进行分析，最后依据分析结果为每个人量身制定符合的职业生涯奋斗目标，进而选择为了实现这一目标而从事的行业，制定具体的工作、学习与培训计划，对每一步计划的时间、内容和方法都做出尽可能细致的安排。

2.职业生涯规划的形态

职业生涯规划根据组织形态的不同，主要可以分为组织职业生涯规划和个人职业生涯规划两种。其中，组织职业生涯规划是指一个组织的人力资源管理部门，以满足组织发展需要为基本目的而进行的一系列管理活动。这种规划的主体是组织，在规划过程中注重组织成员与团体发展的结合，进而制订有关员工事业发展的战略设想与计划安排。如根据组织确定的员工发展目标编制员工的工作、教育和培训的行动计划等，以充分挖掘员工潜力，激励员工，并留住优秀人才。其根本目的是为了组织（企业）的发展。其实在最初，职业生涯规划就是企业作为组织的人力资源管理的一项重要内容而实施的，以后才进入到学校的职业辅导领域。

个人职业生涯规划属于个人的主动行为，其以个人为出发点，对个人在不同阶段与职业相关的事件进行计划和安排。包括职业准备期的专业选择、技能培训以及具体工作的选择和调整等。对于大学生而言，目前正处于职业准备阶段，自己未来的工作方向和工作单位都无法确定，所以可以暂时不考虑组织的发展要求。在校大学生应该将关注点放在挖掘自己特长、培养自身兴趣爱好上，并经常关注社会就业形势，分析社会需求，在此基础上综合考虑自己未来的职业定向。

另外，职业生涯规划按时间形态还可划分为短期规划、中期规划和长期规划。时间在一年以内的规划为短期规划，主要是制定短期目标，安排并实现短期内的任务；时间在 2～5 年的规划为中期规划，主要在短期规划的基础上进一步制定目标；时间在 5 年以上则为长期规划，主要是制定长远的目标。

3. 职业生涯规划的特点

（1）个性化

个性化是职业生涯设计最重要也是最突出的特点。不同的个体有着不同的思想与职业发展方向，因此每个人的职业生涯规划都是独一无二的，其中，个人是职业生涯设计发展与管理的主要角色。此外，职业生涯规划不是个人在外界的干涉下强制制定的，而是要依靠个人内心强大的职业发展动力，这种发展一定是个人化的。因此，职业生涯规划也一定是个性化的。

（2）指向性

指向性是指职业生涯规划可以通过制定目标、确立方法，从而有针对性地分阶段指引个人实现职业生涯目标。

（3）开放性

一个人要完成自己的职业生涯规划，必须要经过一个漫长而复杂的过程，这一过程包括对各种职业的了解、对个人兴趣的培养、对个人能力的提升、对社会需求的分析等，当这些过程完成后，还必须经历实践的过程，并根据实践的结果来对自己的职业规划做出调整。所以，尤其对于大学生而言，职业生涯规划决不可以"闭门造车"，且通常要经过多次调整才能逐渐成型。在进行职业规划的过程中，我们首先要对自己的各种素质和特征有一个较为客观和全面的了解，并充分利用各种信息来对自身和外部的相互关系进行分析，即便是确立后的职业生涯规划，也可以根据现实状况的改变随时做出调整，这便是开放性的主要体现。

（4）可行性

可行性也叫操作性。职业生涯设计包括一套解决个人职业发展问题的操作方案，包括明确的行动时间、方案以及具体的操作方法。同时，职业生涯规划必须遵循客观事实，其行动方案必须具有可行性，否则将会影响职业生涯发展。

（5）持续性

持续性也可称作适时性。职业生涯规划的各项行动都应有时间和次序上的妥善安排，不同的发展阶段之间应该能够持续连贯衔接。

（6）预期性

同所有的规划一样，职业生涯规划就其本质上说仍然是基于现实环境与条件预测未来并形成和实施行动方案的过程。在这个过程中，规划主体的预期是至关重要的。

（7）适应性

适应性主要是针对职业生涯规划的执行过程而言的，所谓适应性，即指在职业发展的过程中，人对自己的职业规划会根据现实工作环境的改变而改变。事实上，任何一种规划行为都是对未知事物的预测，所以其中本身就存在着不少的变化因素，且通常无法被规划者操控。所以，在制定职业生涯规划时，就要将各种可变因素考虑进去，尽量增大规划本身的弹性，提高其适应不确定变化的能力。加之，职业规划本身就是在实践中不断完善的，只有以动态的、灵活的思维来规划职业生涯，才能够为自己谋取更好的职业发展道路。

（二）影响职业生涯规划的因素

影响职业生涯规划的因素很多，就其来源而言，可以分为个人因素、组织因素、环境因素等方面。

1. 个人因素

个人因素包括了个人的家庭环境、社会地位、受教育经历、工作生活经历、个性特征等多个方面。这些因素共同决定着一个人的思维方式、价值取向以及行为准则，而这正是影响个人职业选择的重要方面。

2. 社会环境因素

个人因素的形成在很大程度上取决于其生活的环境，例如家庭氛围造就了学生的基础个性和基本生活习惯，学校环境培养了学生的学习习惯、提升了学生的知识水平和能力，人际环境塑造了学生的交往模式、影响学生对他人的评价方式等。同理，外部社会环境对大学生的职业生涯规划也产生了重要影响，具体可分为三个层面：一是家庭与成长环境的影响；二是企业与组织环境的影响；三是社会政治、经济、技术、文化环境的影响。

3. 组织因素

多数人的职业生涯离不开组织，组织在其职业生涯管理的过程中必然对个人职业生涯规划产生影响。这种影响来自于组织规模，组织历史沿革与文化氛围，组织发展战略，组织对职业生涯的认识、管理方式和制度，组织在职业生涯管理中投入的资源，岗位补充方式，教育培训等方面。

4. 其他因素

其他因素包括机遇、朋友或同龄群体的影响等。尤其是机遇，虽然它可遇不可求，但却可能对人的职业发展产生重大的影响；虽然具有偶然性，但"机遇只青睐有准备的人"。机遇青睐的是高素质、有准备的人；谁素质高，谁有准备，谁才有条件能获得机会、把握机会。当然，认识机会、抓住机会也很重要。

（三）职业生涯规划的内容

职业生涯规划的内容包括职业生涯早期规划、职业生涯中期规划以及职业生涯后期规划。每一阶段都要认识其主要特征，识别主要问题，并进行有针对性的行动方案设计和措施安排。

职业生涯规划的内容主要包括以下几点：一是对职业选择进行研究，评估个人的职业能力、分析不同职业任职条件和发展趋势以及社会环境的变化等；二是设定职业生涯的目标，制定发展路线；三是研究职业生涯发展策略，制定详细且具有可操作性的实施方法；四是进行职业生涯规划的动态调整；五是职业生涯规划评估和反馈。一个较完整的职业生涯规划包括以下十方面的内容。

（1）题目：应该有姓名、起止年限、年龄范围等内容。

（2）职业方向及总体目标：从业方向、职业类别、职业岗位和长远目标。

（3）社会环境分析的结果：对就业环境、经济环境、法律环境分析以及对行业发展前景的分析等。

（4）企业分析的结果：在进入一家企业之前，首先要查找企业相关的资料，包括企业发展历史、企业近期发展现状、企业推出的产品、企业近年来经济效益、企业下一步发展计划等。在对企业业务有基本了解后，再进一步了解企业的管理制度、企业文化、领导人职业成就及行事风格等，并将这些分析结果与自身情况和自身期望相比较，综合预估自己在该企业中的未来发展，包括能胜任何种职务、是否有晋升渠道、是否能够获得培训机会、薪资待遇是否有上升空间等。

（5）自身条件及潜力测评的结果：了解自己的目前状况和发展潜能。将自身具备的条件、潜能与面临的发展机会和限制条件进行比较，知道自己已经做了什么，自己想要做什么，自己能做什么。

（6）角色建议：记录对自己职业生涯影响最大的一些人的建议。对家庭主要成员、直接上级、职业生涯管理专家、更高层次领导的建议和要求，应客观地记录备用。

（7）职业方向和目标：职业的选择和在职业发展过程中要达到的水平，包括职务目标、能力目标、成果目标、经济目标。这些目标还必须具有时间性。从时间特性上看，职业生涯目标包括可预见的最长远目标，但还应当分解为一些可逐步实现并相互关联的具体的阶段目标。实现阶段性目标，是实现个人长远目标的实际步骤。

（8）成功标准：衡量内职业生涯和外职业生涯方面的成功标准。内职业生涯是因，外职业生涯是果，应当努力实现内、外职业生涯的平衡。

（9）差距：主要指自身目前的条件和实现职业目标必备的能力之间的差距。

（10）缩小差距的方法及实施方案：根据自己的差距内容，实施不同的解决方案。如制订教育培训实施计划，根据能力差距和目标分解确定教育培训的具体内容、日期、地点、方式等。

三、大学生职业生涯规划的含义

大学生职业生涯是指大学生根据自身条件和生活学习环境状况，为实现人生职业理想而制定的行动规划，以及采取的实际行动。大学生职业生涯规划，首要的目的是提升自身的社会生存能力和就业竞争力，为未来的职业发展铺平道路。作为高校，应当对学生在职业生涯规划的过程中给予全面的指导，避免不必要的弯路和麻烦。萨帕的职业生涯发展理论认为，大学生正处于职业探索阶段，在这一阶段，大学生尽管也会考虑现实社会需求，但更多的是考虑如何满足自我愿望，因此高校要引导学生逐步形成正确的职业观念，让学生进行自我检视、角色尝试、职业探索、休闲活动与兼职工作，鼓励学生走出校园进行职业探索。

四、大学生职业规划的特点

（一）个性化

个性化是职业生涯规划最重要的特点。大学生应该具有独立思维和不同的职业目标，在职业生涯规划中体现出个性和内涵，切勿人云亦云，做什么事情都是一窝蜂。现在很多同学看别人考证书，不管自己的专业特点和个人实际情况，一味地跟着别人考。IBM 大中华区职业教育部高级经理屈中华表示，拥有职业资格证和真正掌握这门技术并不是对等的，而且现在各种职业资格证层出不穷，质量也参差不齐。花几百元钱、用一学期就拿到一个证书，显然说明不了什么。许多资深人力资源管理专家都表示，一个企业的招聘者，通常在面试交流中，更关注的是求职者的专业素养与岗位是否匹配，以及其在问答过程中的谈吐表现和个人素质的流露。而当一名员工正式入职之后，企业更重视新员工真正的工作能力，这不是一张简单的证书就能证明的。

（二）指向性

职业生涯规划是通过制定职业目标，确定实现路径，从而指引学生逐渐实现个体目标。职业生涯规划的起点是确立人生目标和自身发展方向，这虽然是一个渐进性的过程，但在职业生涯规划中发挥着重要的作用，因此必须引起足够的重视。

曾有这样一则寓言：在某个山谷中徘徊着一只因无家可归而饥饿的小狗，在山谷四周的山顶居住着四户人家，每到吃饭时就击鼓为号。当小狗听到东面山顶的鼓声时，就从山谷沿小路向东面飞奔而去；正当它跑到山腰时，又听到了南面人家的鼓声，于是它又掉头朝南面跑去；可还没跑到一半，又从北面传来了鼓声，它又立即向北面跑去……最后，这只小狗累死在山里，一口饭也没吃到。这则寓言可以说明最初的方向和目标是多么的重要[①]。在职业生涯规划过程中，对目标的确定和选择是第一步。没有目标指向的规划就如一艘没有帆的船在大海上行驶，随风飘荡，永远到达不了目的地。

（三）操作性

职业生涯规划在于解决大学生个体能力和职业需求之间的不平衡，因此在具体的行动方向、时间、职业素质与方法培养途径中要结合大学生个体不同的个性化特点，具备一定的可操作性。

（四）长期性

职业生涯规划不是一次短期性的就业指导，它关系到一个人一生的发展，与他的职业生涯有着密切的关系，具有强烈的相关性与连续性。因此，大学生在制定职业生涯规划时必须要有长远的目光，将规划的时间跨度拉长一些，切不可只考虑眼下的既得利益。

第二节 大学生职业生涯规划的一般原则

大学生通过对自己的职业生涯进行规划，主要目的是尽快改变自己刚刚踏入校门后迷茫无措的心理状态，让自己尽快进入自主学习状态，使自己的大学生活充实而无憾。因此，只有明确了自己的职业发展方向，才能够制订出具体的奋斗计划，并在日常学习过程中，将自己的专业技能学习与个人综合素质培养相结合。通过明确职业生涯目标，能够激励学生奋发图强，使其在大学期间坚定信念，防止在迷茫心理状态下盲目跟风，甚至误入歧途。当然，大学生的职业生涯规划绝不是一蹴而就的，必然要经过长期的实践过程，在进行职业生涯规划时应考虑以下原则。

一、目标性与系统性原则

随着社会结构的日益复杂和教育结构的不断调整，大学生必须要适应社会提出的复合型要求，才能在职业发展道路中走得更远。所以，在进行职业生涯规划时，大学生首先要端正思想，遵循目标性和系统性原则，不可操之过急。具体来讲，大学生首先要认真进行本专业的学习，只有在完

---

① 赵滨. 职业规划是"横看成岭侧成峰"的风景[J]. 大学生就业，2008（9）：18-19.

全了解专业特性后，才能够对自己是否能够胜任本专业的工作做出准确的判断。其次，在日常的学习生活中，要注意对个人的综合素质进行培养，并通过广泛参与各种校内外实践活动，发现自己的优势，并对自己的当前状态与理想状态之间的差距进行客观评估。最后，就是根据评估结果，确立职业发展的起点，只有明确起点之后，才能够将一切职业规划落到实处。

职业生涯规划是一个系统工程，是多元化目标有机结合的系统，大学生在进行职业生涯规划的同时一定要认识到各目标实现之间可能存在的矛盾与冲突。比如，专业学习和社团活动等方面存在冲突，进行规划和实施计划时一定要协调好这两方面。

下面这则故事说明了清晰的目标和方向对我们人生规划和成功的重要意义。

在广阔的撒哈拉沙漠中，有一个名叫比塞尔的小村庄，它坐落于一块1.5平方公里的绿洲旁。但直到肯·莱文在1926年第一个发现它，这个与世隔绝的村庄才与外界有了第一次沟通。

肯·莱文是英国皇家学院的院士，他用双手比划着向当地人询问原因，但每个人的回答却是一样的：无论沿着村子的哪个方向走，最终都会回到原地。肯·莱文对这种荒谬的说法依旧不相信，于是他做了一次实验，他从村庄出发，一路向北走，结果仅用三天半就走出了沙漠。

那么我们不免要问，为什么比塞尔人无法走出这片大沙漠呢？为了解开这一谜团，肯·莱文便专门花钱雇了一位比塞尔人，然后跟着他，看他到底怎样走。他们带了可供半个月饮用的水，骑着两匹骆驼，一同进入沙漠。之后肯·莱文便收起指南针等现代化设备，跟随比塞尔人在沙漠中四处探寻。大约10天以后，二人已经走了数百公里的路程，但依旧没有走出沙漠。第11天的清晨，一块绿洲出现在二人面前，果然，他们又回到了比塞尔。经过这一次实验肯·莱文终于明白，比塞尔人之所以走不出沙漠，在于他们根本不认识北斗星。

在一望无际的沙漠里，如果不依靠任何导航设备而仅凭着感觉走，那么一个人是绝对无法走出一条完美直线的，他会在不经意间走出许许多多、大小不一的圆圈，最终返回原地。比塞尔村正处于撒哈拉沙漠中央，村庄四周方圆数千公里没有任何参照物，在不认识北斗星又没有现代导航设备的条件下，想要走出沙漠简直天方夜谭。肯·莱文在离开比塞尔时，带着一位叫阿古特尔的青年，这个青年就是上次和他合作的人。他告诉阿古特尔如何辨别北斗星，并教他只要白天休息，夜晚朝着北面最亮的星走，就一定能走出沙漠。阿古特尔跟着肯·莱文，果然三天之后便走出了沙漠。如今，比塞尔已经成为西撒哈拉沙漠中最著名的地方，每年有成千上万的游客慕名来到这里。阿古特尔作为比塞尔的开拓者，他的雕像至今仍被立在小城中央，铜像底部刻着一行字：新生活是从选定方向开始的。

从这一则故事中，我们能够体会到，一个人只有拥有了目标和方向，才能够实现理想，或完成一些重要的事情。对于一个人的职业发展而言也是如此，只有在一开始就设定好目标，并沿着目标方向不断前行，最终才能够收获事业的果实。

二、动态性与可调性原则

职业生涯规划制订后，不是一成不变的，而是会动态调整的。职业生涯规划的动态性至少包含以下几个层次的含义：① 职业目标可能变动。随着个人自身的特点或环境因素发生变化，原来的职业目标可能不再适合自己。② 职业计划实施可能需要调整。已经发现职业计划实施不再具有操作性，则应当调整。比如发现原来的计划实施有难度，就应该降低操作难度。③ 社会职业的需求发生了变化，原来的行动方案应做出必要的调整以适应新的需求。在这个过程中，实时的监控与动态的调节对保证职业生涯目标的实现与职业活动的绩效是必需的。

三、结合所学专业规划职业生涯的原则

通常情况下，绝大多数的同学都希望毕业后从事与所学专业相关的职业。在大学中，每个学生都有自己的专业，每个专业都有不同的培养目标、教学计划和就业领域，这是大学生职业生涯规划的基本依据。专业区别越大，往往从事的职业区别也越大。如果大学生在求职时无法从事与本专业相关的职业，那么就必须付出一定的职业转换成本。因此，必须首先了解自己的专业，分析专业特点与优势，提高自身的专业知识与技能水平，这样才能将职业生涯规划得更加完美。大学生要以自身能力和专业特色为指引，争取实现职业与专业的匹配。

四、可行性原则

可行性原则是指目标不要定得太高，不要太超出自己能力范围；否则一旦难以实现，就会挫伤自己进一步实施职业生涯规划的积极性。再者，

制订的实施方案应该具有可操作性，不能纸上谈兵。

五、多元化与多主体评价原则

大学生职业活动的成绩评价准则往往具有灵活性和复杂性。因为每一位学生都是独立的个体，其参与实践活动的成果受到个体因素的影响。要对大学生的职业活动进行评价，通常会从两方面入手，一是其在校期间专业课学习的成绩；但绝大多数情况下，专业课的考核都以理论知识为主，所以专业课成绩无法完全证明一个学生的职业能力，学生所获得的证书也无法证明其在某一方面的工作能力十分突出；二是其在校期间参与的校内外工作实践的成绩。与专业课学习成绩相比，学生参与校内外职业实践的成绩很难做出十分严格的评价，因此通常是根据学生参与实践活动过程中所胜任的职位来评价。值得注意的是，对大学生进行职业活动评价应当兼顾学生内部评价、学生自我评价、教师评价和用人单位评价四个方面。这四方面分别站在自己的角度对学生的职业能力进行评价，因此无论是评价的标准还是结果往往都具有一定的差异性，这也为学生提供了多维度自我检测和自我认识的渠道，从而帮助学生以综合、全面的视角审视自己，并做出最佳的职业选择。

第三节　大学生职业生涯规划的具体步骤

职业生涯规划是一个长期且连续的过程，主要包括确定志向、自我评估、职业生涯机会的评估、职业的选择、确定职业生涯路线、设定职业生涯目标、制定行动计划与措施、评估与回馈八个步骤。

一、确定志向

确定志向是事业有成的基础和前提，没有志向，事业就失去了奋斗的方向，成功也就是天方夜谭。俗话说："凡事预则立，不预则废。"纵观当今世界可以发现，各行各业的成功者们无不都是具有伟大志向的奋斗者。立志是人生的起点，是一个人理想、情怀与价值观的集中体现，深刻影响着每个人的人生轨迹和成就。因此，大学生在进行职业生涯规划之前，必须首先确定志向。

二、自我评估

大学生在校期间，首先要对自己有一个全面的认识，发现自己的优势、了解自己的不足，并在此基础上学会扬长避短，才能在今后的职业生涯中获得更高的成就。认识自我可以包括以下几个方面。

（一）生理自我

一个人对自己的身体、健康状况、外貌、动作技能及性方面的感受。

（二）道德伦理自我

一个人对自己的道德价值、人生观的看法。

（三）心理自我

一个人对自己价值与能力的评价。从职业生涯规划的角度来说，拥有一个良好的心理自我是相当重要的。对自我评价较高的人，往往会提出较难实现且更为宏大的目标，虽然通常都无法达到预期效果，但所取得的成就，依旧比那些妄自菲薄而制定较低目标的人们更多。下面的故事很好地说明了这一点。

在一个工地，有三个工人在砌一堵墙。有人过来问他们："你们在干什么？"

第一个工人没好气地说："难道您没看见吗？我们正在砌墙。"

第二个工人抬头笑了笑说："我们正在盖一栋高楼。"

第三个工人边做工边哼小曲，他满面笑容开心地说："我们正在建设一座新城堡。"

十年后，第一个工人仍然在做砌墙工，第二个工人已经成为一名知名的建筑工程师，而第三个人，已经成为前两个人的老板了。尽管这是一则人为创编的故事，但不可否认的是，在故事中确实将现实社会中的事实规律以生动的语言讲述了出来。所以，作为大学生，要以积极乐观的心态来制定自己的职业发展目标，并尽可能在自己能力能够企及的范围内，将目标定高一些，以此来激励自己。

（四）社会自我

社会自我的本质是个人在与他人交往的过程中，对自己行为、思想、能力与价值的一种看法。所谓"知己知彼，百战不殆"，只有先对自己有一个清晰而全面的了解，才能够更准确地制定职业发展计划。当然，社会自我必须在广泛参与社会实践的基础上才能够展现出来，换言之，只有在大学期间尽可能多地参与社会职业实践，并在实践过程中体会人际关系的处理、挖掘自己的优势、寻找自己的兴趣，才能逐渐形成社会自我认识。

三、职业环境评估

职业环境评估，主要是分析内外环境因素对自己职业生涯发展的影响。每个人都生活在不同的环境之中，一旦离开这个环境，人便无法成长与发展。职业环境因素评估主要包括社会环境、组织环境与就业环境等。在进行职业生涯规划前，必须对所处的环境有充分的认识和了解，这样才能有效地趋利避害。

四、职业的选择

只有清楚地认识自我并分析所处环境，人们才可以在职业生涯中做出正确的选择。通过了解自我、了解环境与职业之间的关系，使自己的兴趣爱好、专业知识与职业选择相匹配，这是人们进行职业选择和发展的重要前提。

五、确定职业生涯路线

通常，同一职业范围内会有不同的职业发展路线，这些路线的选择不仅取决于个人机遇，还取决于个人性格特征和职业能力结构。例如当我们以行政管理为职业后，还面临着专业技术或业务拓展两条发展路线的选择。一些逻辑思维能力强、工作细心、办事谨慎的同学，可以在管理方面大显身手，最终成为一名经验丰富的管理人才；而一些同学善于交际、敢于迎接挑战、擅长经营的同学，则会在商海大战中屡建奇功，成为公司业务部门的顶梁柱；还有一些同学热爱钻研，喜欢安静的工作环境，擅长深入而专注地思考，这些同学则能够在某一领域取得具有突破性的研究成果，成为一名专家学者。如果一个人厌倦繁杂的待人接物，厌倦锱铢必究的讨价还价，但却选择了销售类工作，那最终必然会因烦恼困惑而放弃这一职业；如果一名学生本身缺乏耐心和专注力，却选择在学术领域发展，也必然会因耐不住寂寞而中道而废。由此看来，职业生涯道路选择是否符合自身特点，对职业发展是否能获得成果有相当大的影响。

六、设定职业生涯目标

职业方向确定以后，还应当制定适合自身能力的职业生涯目标。职业目标要以自身的才能、性格、兴趣以及环境为依据，这是继职业选择、生涯路线选择后对人生目标的抉择。职业目标的制定从内容上可以分为外职业生涯目标与内职业生涯目标；从时间上则可以分短期目标（包括日目标、周目标、月目标、年目标）、中期目标（一般为2～5年）、长期目标（一般为5～10年）和人生目标。

七、制订行动计划与措施

行动计划是整个职业生涯规划中最为核心的一部分，是由目标转化为成果的重要环节，也是实施耗时最长的一个环节。当目标确立后，如果无法达成，即便不能说整个过程毫无意义，但最终的失败结果是无疑的。这里所说的行动包括了要实现目标所要落实的全部措施。具体包括工作、训练、教育、轮岗等方面的措施。例如：为实现某阶段的目标，在工作方面，你计划通过什么方法提升自己的工作效率；在业务素质方面，你计划怎样锻炼自己的业务能力；在潜能开发方面，你计划怎样激发出自己全部的潜力。这些只是制定计划与措施中的一小部分，为了实现职业目标，所有计划都必须具体、详细，具有可操作性。

八、评估与反馈

俗话说："计划赶不上变化。"在现实生活中，职业生涯不可能完全按照计划那样进行，会受到各种环境因素或人为因素的影响。有些因素是可以预测的，而有些则突如其来。在这种情况下，要使生涯规划有条不紊地继续进行，就需要不断地对生涯规划进行评估与修订。具体内容主要包括：职业的重新选择、生涯路线的选择、人生目标的修正、实施措施与计划的变更等（图4-3-1）。

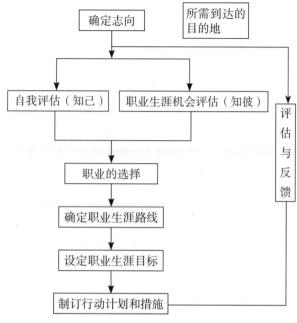

图4-3-1　大学生职业生涯规划步骤图

第四节　大学生职业生涯规划的常见问题

一、大学生职业生涯规划常见问题分析

（一）职业生涯规划意识淡薄

大学生刚刚脱离家庭的全面保护，正处于探索社会、适应社会的关键时期，因此他们往往会以个人偏好来决定自己的第一份工作。在事业规划方面缺乏整体意识、缺乏远见。目前，绝大多数高校在大学生职业生涯规划方面都以选修课的形式，或是学生自愿寻求咨询的形式进行指导。而大部分学生都缺乏职业规划意识，甚至认为职业规划不需要学习，也不需要专门咨询老师，导致他们浪费了大好的大学时光，直到进入社会后才规划未来的职业发展方向。随着社会和科学技术的进步，社会中各行各业对人才的要求不断提高，就业形势也越来越严峻。不少大学生都面临着"毕业即失业"的问题，至于要找到专业对口、待遇良好、长期稳定的工作，更

是难上加难。面对这样的局面，大学生在找工作时变得越来越现实，将金钱放在首位，哪里出的价高就去哪里，很难真正地将自己的理想、兴趣、能力和优势与工作结合起来。而一旦入职后对工作不满，就出现了频繁更换工作的情况，这和大学生对自身职业生涯规划的重视程度不高有很大关系。

调查显示，大部分学生没有进行过真正意义上的职业生涯规划。根据调查数据，只有 4.9% 的学生对自己未来的职业生涯有明确清晰的规划；有大概设计的占 32.8%；而完全没有认真考虑过的占 62.2%。北森测评网、新浪网与《中国大学生就业》杂志曾在 2004 年 6—7 月进行了大学生就业首选企业调查，结果显示，有将近 40% 的学生对自己目前的职业规划持比较满意的态度，但面对一些具体问题，如是否了解自己的特点、兴趣、优势；是否知道自己最喜欢的职业或打算从事的行业时，只有不到 20% 的学生能够做出肯定的回答。这反映出，大学生在职业生涯规划问题上存在着感觉和认知之间的矛盾，大学生们对职业生涯规划还缺乏清楚的认识与实际行动。可见目前相当多的大学生尚未认识到职业生涯规划的重要性，这必将影响到他们将来对职业的选择和人生发展的定位。

（二）职业生涯发展目标不明确

对于在校大学生而言，职业生涯发展目标不明确是最正常不过的，但这并不意味着无关紧要。刚刚踏入大学的同学，对社会一无所知，对专业、职业毫无概念，此时不可能有十分明确的职业生涯发展目标。但读大学的过程就是要解决这个问题，并在寻找到目标后，为之付出行动。在寻找职业目标的阶段，不少学生不禁会问："我到底喜欢什么""我要做什么事才能使人生更有意义""我的职业追求是什么"等等。而当学生心中产生这些疑问时，恰恰说明学生目前对自己缺乏探索，对自己缺乏了解。这就要求学生必须广泛学习，广泛进行职业实践，尽快找到自己的兴趣点。从另一个角度来讲大学所学的专业与日后所从事的工作并非是绝对对应的关系，所以不少同学因为不知道自己未来有可能获得的职业机遇是什么，也没有特别希望从事的事业，便会表现出学习积极性不高、学习目标不明确等问题，严重者甚至有可能沉迷于不良嗜好，导致成绩太差而被迫退学。

（三）自我分析不够客观准确

充分且正确地认识自身特点与外界环境，才能避免在职业生涯规划中做出错误的决定。首先，要客观、公正、全面、深入地分析自己的性格、兴趣、特征、优势、知识、能力、需求经历、社会关系等个人因素与条件，想清楚自己最喜欢的行业与工作是什么，自己的特长又适合做什么样的工作，自己的弱点又会在工作中带来什么问题，自己应该如何克服等。

有位同学考上了某大学新闻专业。他文笔很好，上大学前就在报刊上发表了多篇文章。但是因为当时计算机专业就业很好，薪水又高，所以入学后他转了专业。由于他对专业缺乏兴趣，专业课考试经常不及格，最后被迫弃学。该同学如果能正确地分析自我，并进行科学的职业生涯规划，也许会成为一个优秀的新闻工作者。

（四）职业生涯规划盲目从众

大多数学生都缺乏对个人事业发展规划的深入思考，也没有对自己产生职业选择盲目心理的原因进行客观的分析。学生对自己职业发展盲目规划主要表现在以下几个方面：一是从思想层面而言，缺乏统筹规划的意识。不少同学认为，职业生涯发展主要取决于自己未来的职业机遇，认为自己提前做太多规划总是"赶不上变化"的，因此从思想上对这门课程不重视。学生没有在大学阶段完成对自己和环境的客观分析，没有对自己形成客观的评价，就会导致职业规划缺乏基础。二是，一些同学轻视了实践环节的规划，导致职业经验不足，难以实现已定的目标。许多学生还保留着高考前的学习理念，只注重考试成绩的高低，而忽视了对自己工作能力的培养。三是怀着急功近利的心态。当看到别人考什么证时，自己也要去考，而不考虑考这些证书对自己的职业发展有没有用处，反而浪费了大量时间，没有专心提升自己的专业技能。

（五）实践环节薄弱，职业环境不熟悉

目前，大学生普遍缺乏充足的社会实践，主要体现在两方面：一是社会实践量不足。与国外大学生的社会实践活动相比，我国大学更注重理论知识的学习，参与社会实践并不是学习中的重要部分。学生个人、社团组织或学校发起的有针对性的社会实践都显得不足，参与社会实践的观念也远没有深入人心。同时，又由于各种主客观因素的限制，即使参加了某些社会实践，但最终也停留在较浅的层次，远不是真正意义上的职业实践。这些情况都将大学生与社会隔离开来，即使掌握了大量的专业知识，但由于外部职业环境的快速变化，大学生很难及时对职业环境有清晰的认识，使得理论知识远远落后于职业需求，在职业选择时也就无法实现人与职业理想的匹配。调查数据显示，有48%的学生不清楚自己喜欢职业的从业要求，68%的学生没有关注过职业的变化趋势。

（六）职业生涯规划偏离专业

其实，每个大学生在选择志愿时，都不可能完全了解一个专业，也不会真正认识到所选专业与自己的职业理想有怎样的内在联系。一些同学还会面临着被调剂到不喜欢的专业这种情况。所以大多数同学都仅仅将专业学习看作应付考试，获取大学学历的手段，并未在职业规划过程中发挥自己的专业优势。由此可知，大学生之所以不能够结合自己的专业优势来进行职业生涯的规划，主要是因为他们对自己的专业学习缺乏兴趣，更没有深入了解过自己的专业。大学所推行的专业化教育是一种具有独特优势的教育，通过专业化培训，能够发挥一个人的最大潜力和特长，所以专业应当成为职业生涯规划中的闪光点，而非一种可有可无的存在。

（七）职业生涯规划与社会需求脱节

在大学生进行职业生涯规划时，他们更多的是考虑自己的兴趣和学校评价的标准，而没有考虑社会需求的因素。任何人选择职业的自由都是相对的、有条件的；如果职业选择和学习脱离社会需要，他将很难被社会接纳。因而在进行职业生涯规划时，既要考虑到自己的兴趣和专业，也要对社会需求有充分的了解；既要考虑学校和个人对人才衡量的标准，也要考虑社会对人才质量测评的尺度。因此，大学生在进行职业生涯规划时也要时刻关注社会发展动向与行业从业要求，将社会需求作为自己职业生涯的出发点和归宿，以社会需求来要求自己，既要注重当下，也要有长远的规划；既要考虑个人利益，也要服从社会需求。

（八）协调不好学习与社团活动关系

大学阶段的学习一定要坚持"两条腿"走路。课堂学习是为了获得理论知识，只有在理论知识扎实的基础上，才谈得上专业能力的培养和职业能力的提升。但如果仅仅注重学习课堂知识，而很少参与各种实践工作，那必然导致社会交往能力、团队协作能力较差。其实，这二者之间本来就是相辅相成的，通过理论学习，为自己的实践活动打好基础，通过实践工作又可以验证自己所学的知识，并在这一过程中不断提升自己。所以，大学生一定要处理好二者之间的关系，不能因为参加社团活动而耽误专业课的学习，但也必须留出一部分课余时间参与实践活动。

（九）对职业生涯规划缺乏执行力

制定规划是把自己的想法变成纸质文档，目的是督促自己学习和更好地执行。然而目前大部分学生空有想法，很少付诸实施，这就使得不少高校的职业生涯教育活动流于形式，职业生涯规划大赛演变为一种"演讲秀"。著名的教育升学顾问、职业设计师高燕定先生提出了职业预备期的概念，认为大学生应该经历一个长期的职业预备期。如果你喜欢听音乐，那就买 MP3 去听；如果你喜欢看书，那就去买书看。如果你喜欢以后做高级助理的工作，却不去积累相关经验，不去学习如何撰写文案，只等待学校教你，那怎么能进入这个角色？要知道，学习的目标不是为了上大学，而是要走到职场中去，为社会服务。

下面这则故事很具有借鉴意义：

蜀之鄙有二僧，其一贫，其一富。贫者语于富者曰："吾欲之南海，何如？"

富者曰："子何恃而往？"

贫者曰："吾一瓶一钵足矣"

富者曰："吾数年来欲买舟而下，犹未能也。子何恃而往！"

越明年，贫者自南海还，以告富者。富者有惭色。

穷和尚到了目的地而富和尚没有到达，这是什么原因？富和尚空有想法而未去实施，穷和尚想到就去做了。我们大学生进行规划后也应该将规划的方案付诸实施，这样才能越来越靠近自己的目的地。

二、大学生职业生涯规划常见问题的对策

（一）提高职业规划意识，增强自我管理的自觉性

对于大多数大学生而言，都没有深刻认识到职业生涯规划的重要性。其中，绝大多数同学都认为职业规划不能凭空想象，因此完全不需要进行提前的规划。这种观念乍一看是有道理的，但细细体会，就会发现其中存在着矛盾之处。职业生涯的规划固然要建立在职业实践的基础上，但在尚未完全接触到社会职业生活之前，必须要打好职业基础，避免在毕业后四处碰壁，浪费时间在职业选择的试错上。因此，职业规划是大学生在校期间必须要完成的任务，如果有可能，对职业规划的思考应该更早就开始。而作为高校而言，也应该做好全程化职业指导教育工作，帮助大学生尽快找准职业目标，抓紧大学时光，努力提升自己的综合素质。当一个人有了长远的、自己愿意为之奋斗的目标，即使遇到一些挫折和障碍，也会全力以赴为之努力。由此可见，建立一种自我激励机制对大学生非常重要。在制订了行动方案后，要有坚强的意志和毅力，不断地勉励自己，持之以

恒，加强自我管理，才能够把职业生涯规划落到实处。

（二）要处理好职业生涯规划与能力特长的关系

当人从事与自己特长相符的职业时，必然会更为轻松，也更容易获得突破性成就。可以说，一个人在某方面具有较强的能力，这种能力便会转化为个人的个性特征，是人在社会实践中能够表现出的综合能力的重要组成部分，也是彰显个人魅力的重要方面。大学生在进行职业规划时，只有与自己的特长相结合，才能够打造出"自我品牌"，形成自己的核心竞争力。

下面这一案例对我们有一定的启示意义。

某位大学生在做自我职业生涯规划时，进行了一系列的思考：首先，他客观地对自己的现阶段水平进行分析，因为自己是一名普通高校的大学生，学校名声不如清华、北大等一流高校好，且自己所学的是较为冷门的历史专业。因此在学历方面，没有过人的竞争力。

与热门专业相比，历史专业确实缺乏社会关注度，就业前景也不如其他专业乐观。其次对于他个人来说，他来自农村，家庭条件一般，没有充足的社会资源。但他并没有妄自菲薄，反而希望能够在3～5年内实现自己的目标，成为公司里不可或缺的精英，甚至自己创业当老板。但现实情况并非如他想象的那般顺利，他毕业后进入了一家小的旅行社，从给其他导游担任助手做起，首先成为一名历史古迹讲解员。经过半年的准备，他成功考取了导游证，开始正式带队。之后，他利用自己过硬的历史专业知识获得了游客的一致认可，很快便做出了成绩。又过了半年时间，他已经成为公司的主力员工，并且在当地的导游圈子中小有名气。为了实现更大的发展，他辞职进入了另一家更大的旅行社，并利用业余时间又顺利考取了国际导游证，公司重要的国外旅游团大部分都由他来带。两年后，他晋升为公司国际部经理，是公司内最年轻的中层干部。到了毕业的第四年，他毅然决定辞职创业，开办了一家自己的旅行社，专门从事文化古迹旅游。他希望把公司做大做强，最终能够成为旅游界最顶尖的公司。短短的五年时间，他已按照自己的设想一步一步地向目标靠近。他的目标并不算远大，但可以肯定的是：在进行职业生涯规划时，他正确地分析了自己的能力专长和劣势，并尽量把优势在适当的地方发挥出来，而且目标和方向也非常明确，这样就一步一步形成了自己的核心竞争力。在谈到最初的选择时他也承认，也曾想过当一名记者，毕竟自己能说会道，文笔也不错。但这仅是职业选择中的一种，自己的目标并不在于此，所以他最终选择了一家小的旅行社，从底层做起，在工作中不断充实自己，朝着职业目标一步步前进。对于目标的实现，他认为：一定要先了解自己，认清自己的优势与不足，如何在工作中发挥出优势，同时避免出错；之后制定符合自身能力的目标，并不断地经营自己，在工作中强化职业技能，提高自身竞争力，这样才不会被别人淘汰。

其实，一名知识丰富、学历高的学生，未必就是一位工作能力强的职员。因此大学生也不应该仅仅根据学习成绩，来判断自己的能力水平。只有先对自己的特长和能力有较为客观的认识，才能选择最适合自己的职业发展道路，并为之做出奋斗的规划。

（三）利用职业测评体系，充分了解自己

职业测评是心理测试技术在职业管理领域的应用，主要包括职业兴趣测试、职业能力测试和职业人格测试。通过职业心理测评，求职者可以有效了解自己的兴趣、性格以及可能适合的工作等，帮助求职者规划自己的职业方向。同理，职业测评也能够使大学生更好地认识自我，对其职业目标的正确选择具有重要作用。

（四）积极参加各种职业实践，积累职业素养

大学生在校期间依然有着较为繁重的课业，因此不可能完全投入职业工作当中，也无法获得真实的职业体验和完整的职业经历，这就要求大学生要积极参与各种有针对性的社会实践活动，有意识地积累与职业目标相关的职业经验。通过职业实践，可以清楚认识到目标职业当前的发展形势与从业需求，并根据不同的需求及时调整自己的实践计划，提高自己的工作能力，为职业生涯奠定基础。同时，职业实践也可以使学生了解企业的用人标准，以此作为自己的奋斗方向，增强行业敏感度。因此，学校必须要重视职业实践的重要性，将校企联合培养和订单式培养结合起来，为学生的职业规划提供更好的服务。对于大学生来说，也要勇于走出学校，接触社会，多参加专业相关的社会实践活动，在实践中充实自己，不断提高。职业素养的积累对于大学生走向工作岗位具有重要的意义。职业素养的形成来源于平时学习、工作和生活当中的一点一滴，是形成"个人品牌"的关键。

下面这一案例能够帮助我们对职业素养产生更为清晰的认识。

1999 年，程社明老师曾在接受台湾中山大学管理学院院长的邀请后赴台湾讲学。在中山大学的专家楼里，清晨 6 点多钟时，程社明老师便在卫生间看见一位清洁员跪在地上，用力地擦两块瓷砖中间的缝隙，清洁员已经累得满头大汗。

程老师问："是不是今天有领导要来检查啊？"

他说："没有啊。"

程老师问："是不是今天要评比啊？"

他说："没有啊。"

程老师问："那你大清早的擦得这么卖力气，满头大汗，是为什么呢？"

清洁工很平静地回答："这是我的工作呀。"

如此朴实无华的话语，正是他的职业道德、职业伦理、职业素养的体现[①]。

（五）适时关注社会对人才的需求动态，了解更多的职业信息

大学生在进行职业规划时，往往因缺乏广泛的社会视角而忽视社会对职业的需求。因此很多大学生在离开学校后，就面临着完全推翻之前所做职业规划的情况。因此，大学生在校期间，要时刻关注社会就业动态，随时调整与社会需求不相符的职业规划。此外，在进行职业生涯的规划时，还要综合考虑眼前利益与长远利益，考虑到自身因素与社会因素的结合，尽量使自己的职业规划更具可行性。

（六）树立正确的世界观、人生观和价值观

正确的世界观、人生观和价值观是良好的职业素养形成的基础。乐观积极的人生态度会使不好变成美好，使不可能变成可能……奇迹总是会和乐观向上的人结缘。反之，悲观而情绪低落的人总会和幸运擦肩而过。正确的世界观、人生观和价值观是培育和形成良好的职业道德、职业思想和职业习惯的土壤，会成为照亮人生的明灯。

（七）高校要重视大学生职业生涯规划并发挥好引导作用

对于刚刚进入高校的学生而言，他们往往意识不到进行职业规划的重要性。所以，高校应当承担起帮助学生进行职业规划的责任。也只有在高校的引导下，学生才能尽快掌握正确的职业规划方法。具体来讲，首先，大学要引导学生树立正确的职业选择观念，提高学生职业规划意识，并通过讲座、实践活动、校园广播、校园新媒体平台等对职业规划的重要性进行广泛宣传。从全方位提升学生及教职工对学生就业问题的重视度。其次，不断完善高校教师和辅导员队伍的建设，对他们进行关于职业生涯规

---

① 冯燕，个人品牌：职场成功的关键词[J]. 中国大学生就业，2008（5）

划方面的培训，鼓励教师、辅导员在学生中开展相关班会等，或者邀请相关人员到学校举办讲座，向学生们灌输职业生涯选择的理论知识，引导大学生树立正确的就业观念，克服择业中的误区，到基层、西部、祖国最需要的地方去建功立业，推动就业工作更好地开展。

第五章　大学生自我认知与职业选择

职业选择是人生选择的关键点之一，直接关系到事业的顺利发展。根据调查，28% 的人完全掌握了自己的命运，因为他们找到了自己最好的职业，并利用这一点成为大人物；相反，72% 的人不知道他们适合的职业，总是做不擅长的事情，不能脱颖而出，更不用说成为一个成功的人。几乎所有成功人士都有一个共同的特征：不管他们的智力和智力水平如何，不管他们从事的行业和职位如何，他们都在做自己最擅长的事情。显然，职业选择是职业发展的关键一步。如何选择自己的职业？只有通过自我探索来了解你的内在需求和你想要寻求的，个人生命力才得到体现。

第一节　大学生的性格特征与职业选择

一、性格的定义

性格是人格心理学的重要组成部分，是指人们对现实较稳定态度和相应的习惯性行为。它是基于天生的气质，在后天社会生活的影响下，在漫长的过程中逐渐形成的。其中，后天的道德教育和文化教育起着最重要的作用。个性和气质是不同的，个性有社会评价的含义，有好坏之分。性格一旦形成，就会深刻地影响人们的生活。因此，有一位著名的哲学家说，性格决定命运。

一个人的性格往往会流于表面，反映在他的言行以及生活中。例如，有些人诚实、正直、谦逊，有些人活泼、积极、善于沟通，有些人孤僻、悲观……在人际交往中，他们表现为内向和外向；就情感特征而言，有些稳定，有些容易激动；就意志表现而言，有决断、勇敢的，也有犹豫不决的。个体之间的差异除了生理，主要体现在性格特征上。性格反映了人们的生活，同时也影响着人们的行为。了解自己的性格和变化规律不仅会帮助你选择工作，还会帮助你开创自己的事业，建立自己的事业。因此，在选择职业时，应该分析自己的性格特征。

二、性格类型与职业的匹配

有位美国记者采访投资银行家约翰·摩根，问："决定你成功的条件是什么？"

摩根毫不掩饰地说："个性。"

记者又问："资本和技术哪个更为重要？"

摩根答道："资本比技术重要，但最重要的是个性。"

翻开老摩根的奋斗史，无论他成功地在欧洲发行美国公债、采纳无名小卒的建议——大搞钢铁托拉斯计划，还是力排众议甚至冒着生命危险推行全国铁路联合，都是他倔强和敢于创新的个性所致。如果排除这一条，恐怕有再多的资本也无法完成投资银行这一具有伟大开创性的事业。

每个人都希望自己能够成功，但事实上并不是任何人都能够成功，这是因为大部分对成功的真谛是不了解的。自己是每个人最了解的，也是每个人最不了解的。人们常说："江山易改，禀性难移。"可以看出，人们想要完善自己的人格缺陷是非常困难的，所以有的人总是与成功擦肩而过，留下终生的遗憾。只有当你理解"性格决定命运"这句话的含义和真谛，并懂得如自完善自身的人格时，你便会成功。

性格包含着十分丰富的特征。关于性格的理论也很多，一般可分为特质说与类型说两大类型。如瑞士著名心理学家荣格（Carl Gustav Jung）所提出的内倾型、外倾型的分类方法，可在职业选择中加以借鉴。当然，在实际生活中，几乎没有人是绝对的内向或外向性格，绝大多数人都是兼有两种倾向的中间型。在选择职业时需要考虑个人性格，选择适合个人性格特征的职业和工作。通常情况下，性格内向的人适合从事的工作往往是稳定的、不需要和太多人有过多交流的；性格外向的人适合从事的工作往往是与外界广泛接触，能够充分发挥自身的自信和开朗性格的。

需要指出，在现实生活中，许多人属于典型性格，也有许多人属于综合或混合型性格，需要对自己做出具体分析和恰当评价。

三、性格的自我测试

性格的心理测试方法很多，如卡特尔16种人格因素测验（16PF）、明尼苏达多项人格量表（MMPI）、麦尔斯-布瑞格斯类型指标（MBTI）、"大五"人格量表（NEOPI-R）等。

下面的这套测试题是一套非标准化的性格类型测试,通过测试能够对自己的性格类型做出恰当评价,进而对自己的性格有一个初步的认识。每道题都有相同的三个答案,分别为"是""不能确定"和"不是"。计分情况为,单数题答"是"计0分,"不能确定"计1分,"不是"计2分;双数题答"是"计2分,"不能确定"计1分,"不是"计0分。

请实事求是回答下题,并为自己计分:

(1)喜欢一个人独处。

(2)愿意与人相处。

(3)在公共场合人多的时候感到不好意思。

(4)喜欢经常和朋友在一起。

(5)遇到令自己不快的事情,能抑制感情,不露声色。

(6)开会时喜欢坐在被人注意的地方。

(7)与陌生人难打交道。

(8)在大家面前回答问题非常自然大方。

(9)不喜欢社交活动。

(10)喜欢表现自己。

(11)不会将自己的想法轻易地告诉其他人。

(12)只要认为是好东西立即就买。

(13)爱打破砂锅问到底。

(14)容易接受别人的意见。

(15)对待任何事情都非常有主见。

(16)喜欢高谈阔论。

(17)在会议休息期间,不愿意和其他人聊天,更喜欢自己一个人待着。

(18)做决定时,坚决果断,不拖沓。

(19)当遇到难题时,一定要弄明白。

(20)常常不等别人把话讲完,就觉得自己已经懂了。

(21)不喜欢和人辩论。

(22)遇到挫折时坚强不屈。

(23)经常感到自己无能,并因此很沮丧。

(24)遇到高兴的事情,非常容易将内心的喜悦表现在脸上。

(25)在做选择时,经常犹豫不决。

(26)对别人的事情不太注意。

(27)喜欢将自己与别人进行比较。

(28)喜欢憧憬未来。

（29）容易羡慕别人的成绩。

（30）对自己有信心，觉得自己不比别人差。

（31）注意别人对自己的看法。

（32）对自己的外表不太注重。

（33）发现异常现象容易想入非非。

（34）即使有事也会很快遗忘。

（35）总是把家里收拾得干干净净。

（36）经常忘记自己的东西放在哪里。

（37）做事很细心。

（38）乐于帮助别人的请求。

（39）对自己的信用非常注重。

（40）热情来得快，消退得也快。

（41）信奉"不干则已，干则必成"。

（42）做事时，更加注重速度，而不是质量。

（43）一本书可以多次反复阅读。

（44）不习惯长时间看书。

（45）办事大多有计划。.

（46）兴趣广泛而多变。

（47）学习时不易受外界干扰。

（48）开会时喜欢同人交头接耳。

（49）做事情干净利落。

（50）经常会忘记答应别人的事情。

（51）一旦对人有看法不易改变。

（52）容易结交新朋友。

（53）不喜欢体育活动。

（54）对电视中的球赛节目非常感兴趣。

（55）买东西时，要进行比较和估量。

（56）对于陌生的事情，没有惧怕的心理。

（57）遇到不开心的事情时，会长时间感到很生气。

（58）容易承认自己的错误，并及时得到改正。

（59）常常担心自己会遭遇失败。

（60）容易原谅别人。

根据你对以上各题的自测结果，计算出累计得分，按表5-1-1对应查找，就能得知你所属性格的具体类型。

表5-1-1　性格测试评价表

累计得分	90分以上	71～90分	51～70分	31～50分	30分以下
性格类型	典型的外向性格	稍外向性格	外向、内向混合型性格	稍内向性格	典型内向性格

四、思考：阿甘的成功与性格的关系

荣获了第67届奥斯卡最佳影片、最佳导演等6项大奖的美国电影《阿甘正传》之所以感动了全世界，在于它成功地塑造了一个用自己优秀的性格品质开创了多彩人生的智力障碍者的形象。影片主人公阿甘出生在美国南方阿拉巴马州一个闭塞的小镇。他天生患有智力障碍，智商只有75，受到所有人的歧视，唯有母亲始终把他当作"我的宝贝"。在母亲的精心教育和呵护下，阿甘养成了诚实、守信、认真、勇敢而重视感情的优良性格，凭着自己练就的一双飞毛腿和"说到做到"的人生理念，最终赢得了一片属于自己的天空。他的生活经历颇为丰富：一开始是大学里的美式足球明星，后来入伍参军成为一名战斗英雄；之后又成为美国乒乓球队的一员来到了中国；先后获得了肯尼迪和约翰逊两位总统的接见和授勋；在无意间还发现了"水门事件"的真相；最后通过捕虾成了一名企业家。在演绎了轰轰烈烈的传奇人生后，阿甘依然如故，淳朴善良。他将自己公司一半的股份给了在战争中死去的战友的母亲，自己成为一名园丁。他也有过真挚甜美的爱情，后来爱人病逝，阿甘与自己的儿子在一起过着安详宁静的生活。

阿甘的故事概括了一个人生真谛：真诚和善良决定了人一生的幸福与成功。

第二节　大学生的兴趣能力与职业选择

兴趣是最好的老师，能力是能做好一件事的关键。

一、兴趣与职业选择

（一）什么是兴趣

兴趣是一种心理活动，是指对事物特殊的认识倾向。当兴趣发展成为爱好时，便会影响人们能力的发挥，是人们一项稳定且长久的行为倾向。兴趣是一个人事业活动走向成功的基础，是其创造力发展和发挥的重要心理推动力之一，是激发人们创造力的内部动机，促使潜能的充分发挥，提高想象力、创造性和感知力，进而使得事业成功的几率得到大幅度的提升。同时，兴趣能激发个体强烈的创造热情，增强克服困难的信心和决心。

（二）兴趣在职业活动中的神奇作用——兴趣是你最好的老师

1. 兴趣可开发智力

兴趣属于一种精神的力量，能够促使人们创造性地进行工作，并集中精力去获得知识。当对一件事情或事物产生兴趣时，人们整个身心的积极性就会得到充分的调动；就能够使想象力和情绪得到提升；就能够积极地观察、感知事物和思考问题、探索事物；就能够提高记忆的效果和克服困难的意志。相反，如果一个人对所做的事情没有兴趣，其聪明才智就不能得到充分的发挥。举凡古今中外著名的科学家、艺术家、文艺家，以及社会各个领域的成功者，他们为人类能够做出巨大贡献的前提，就在于他们的内在智慧潜力因兴趣被充分调动和激发，而且被运用于他们热衷的事业，从而推动他们不懈地努力，才取得了成功。

2. 兴趣可提高人的工作效率

当一个人对工作产生兴趣时，枯燥无味的工作会因此变得丰富多彩。兴趣强大的作用表现在，它将工作的负担转化为是一种享受。兴趣能够激发人们全部的精力，让人们以丰富的想象力、集中的注意力、敏锐的观察力和积极深刻的思维进行工作，进而大大提高工作的效率。研究发现，对工作充满兴趣的人，能够长时间在工作中保持积极的状态而不感到疲惫，同时能将自身 80%～90% 的才能发挥出来。但对工作缺乏兴趣甚至没有兴趣时，在工作中非常容易感到疲惫，只能将 20%～30% 的才能发挥出来。兴趣的多样化能够提高人们适应环境的能力，如当需要换工作时，人们能够快速地适应新的工作环境。

爱迪生在学校中被同学们骂为"低能儿""傻瓜"，并被学校退学，但他在发明领域中是非常有才华的。达尔文在学校中的成绩一般，但在大自然研究领域却是异于常人，并成为进化论的创始人。究竟是什么让他们从"愚蠢"变成了现在的伟人呢？答案是兴趣。找到了感兴趣的工作就意味着踏上了通往成功的道路。丁肇中是获得诺贝尔物理学奖的华人，他曾说过："兴趣比天才更重要。"美国曾对2000多位杰出的科学家进行了调查，调查结果显示科学家们往往是因为对自身研究领域具有强烈的兴趣，而不是以谋生为目的，不计报酬和名利在所研究领域中刻苦钻研。由此可以看出，科学家们的成功都与他们的兴趣息息相关。对工作感兴趣会激发人们的钻研能力，这样就会在事业上有所成就。这便是兴趣的作用所在。

职业生涯会直接受到兴趣爱好的影响。兴趣是你想要掌握某种事物，参加某种活动的心理倾向。或者说，兴趣是你积极探究某种事物的认识倾向。当你对一种职业感兴趣时，就说明你对这项职业的活动是认可和肯定的，你就会积极地探索和思考。

日本学者本村久一在《早期教育与天才》一书中说了一段耐人寻味的话："天才人物指的是有毅力的人、勤奋的人、专注的人和忘我的人。但是，我们要知道：兴趣才是毅力、勤奋、专注和忘我的出发点。对某件事情拥有强烈的兴趣，自然就会对这件事情专注，随之就会勤奋、有毅力、最终达到忘我。因此，我特别想说的是天才来自强烈兴趣和持续的专注。"

（三）兴趣的类型与职业的匹配

对自己的兴趣类型做出恰当评价十分必要。在表5-2-1里，我们列出了十种兴趣类型及其特征，并列出了与之相对应的职业。

表5-2-1　兴趣类型及其匹配的职业

兴趣类型	兴趣特征	相匹配的职业
类型1：愿与事物打交道	喜欢同事物打交道（如工具、器具或数字），而不喜欢从事与人打交道的职业	建筑师、制图员、木匠、修理工、出纳员、打字员、会计师等
类型2：愿与人打交道	喜欢与他人接触的工作，喜欢从事销售、采访、传递信息一类的活动	推销员、服务员、记者、营业员等
类型3：愿干有规律的工作	喜欢从事常规的、有规律的活动，习惯于提前安排好的程序下做工作	办公室职员、打字员、邮件分拣员、档案整理员、图书馆管理员、统计员等
类型4：愿从事社会福利和助人的工作	乐意帮助别人，试图改善他人的状况，喜欢独自与人接触	医生、护士、咨询人员、律师等

续表

兴趣类型	兴趣特征	相匹配的职业
类型5：愿做领导和组织工作	喜欢管理工作，喜欢掌管些事情，希望受到众人尊敬和获得声望	行政人员、辅导员、管理人员等
类型6：愿研究人的行为	喜欢谈论涉及人的问题，他们爱研究人的行为举止和心理状态	思想政治教育研究工作者、心理学者、人事管理者、政治学者、人类学者等
类型7：愿从事科学技术事业	喜欢分析的、推理的、测试的活动，善于理论分析，喜欢独立解决问题，也喜欢通过实验获得新发现	物理学家、化学家、生物学家、工程师等
类型8：愿从事抽象性和创造性的工作	喜爱需要有想象力和创造力的工作，爱创造新的式样和概念	设计人员、演员、画家、创作人员等
类型9：愿做操纵机器的技术工作	喜欢运用一定的技术，操纵各种机械，制造产品或完成其他任务	飞行员、驾驶员，石油、煤炭开采工人，各种技术工人，建筑师等
类型10：愿从事具体的工作	喜欢制作看得见、摸得着的产品，希望很快看到自己的劳动成果，并从完成的产品中得到自我满足	厨师、室内装饰工、园林工、手工制作者、理发师、美容师等

从表5-2-1中可以看出，一种兴趣类型与许多种职业相匹配。同时，绝大多数职业也可能与几种兴趣类型的特点接近，而每一个人也往往同时具有其中几种兴趣类型的特征。如你想要成为一名教师，那你就应具有愿与人打交道、愿热心助人、喜欢具体工作、喜欢研究人的行为和心理这几方面的兴趣类型；如果你对其中的某一方面缺乏兴趣，那就应努力培养和发展这方面的兴趣以适应教师职业的要求。否则，还是重新选择更适合你兴趣类型的职业为好。

（四）职业兴趣的自我测试

在了解了兴趣与各种职业之间的关系之后，如何完成对自己兴趣的准确评估是十分重要的。目前，在职业兴趣测评领域使用最多、也是公认度最高的是霍兰德职业倾向测验。

另外，我们也可以结合前面所述的十种职业兴趣类型做一个非标准化的兴趣自我测试，以迅速了解自己的职业兴趣。请仔细阅读下面的题，回答"是"或者"不是"，然后统计一下自己各组答"是"的总次数，并据此来判断你的兴趣类型。

1. 第一组自我测试

（1）你喜欢自己动手来维修电脑、电视、自行车等这一类的东西吗？
（2）你了解自己家里电熨斗、电扇等器具的性能和质量吗？
（3）你喜欢自己亲手做一些如汽车、建筑等模型吗？
（4）你喜欢如制表、记账等这类与数字和图表相关的工作吗？
（5）你喜欢制作工艺品、装饰品和衣服吗？

2. 第二组自我测试

（1）你喜欢在别人买东西时当顾问吗？
（2）你喜欢参加集体活动吗？
（3）你喜欢与不同类型的人接触吗？
（4）你喜欢与别人一起讨论各种问题和拜访别人吗？
（5）你在会议上喜欢积极发言吗？

3. 第三组自我测试

（1）你喜欢从事有规律地、没有干扰的日常工作吗？
（2）你做事情之前喜欢进行周密的安排吗？
（3）你善于查阅字典、辞典和资料索引吗？
（4）你在工作过程中喜欢按固定的程序有条不紊地进行吗？
（5）你喜欢把事物分类和归档的工作吗？

4. 第四组自我测试

（1）你喜欢倾听别人的难处并乐于帮助别人解决困难吗？
（2）你愿意服务残疾人吗？
（3）你愿意在日常生活中帮助别人吗？
（4）你喜欢向别人传授知识和经验吗？
（5）你喜欢从事防病治病和照顾病人的工作吗？

5. 第五组自我测试

（1）你喜欢主持班级集体活动吗？
（2）你喜欢接近领导和老师吗？
（3）你喜欢在众多人面前表达自己的观点和意见吗？

（4）老师不在的情况下，你能主动维持班级中生活和学习的正常秩序吗？

（5）你具有强烈的工作魄力和责任感吗？

6. 第六组自我测试

（1）你特别喜欢阅读文学著作中人内心世界的细致描写的部分吗？

（2）你喜欢听人们谈论他们的活动和想法吗？

（3）你喜欢对人的行为和心理进行观察和研究吗？

（4）你喜欢阅读名人传记吗，如科学家、政治家等？

（5）你对世界各国的政治和经济制度有强烈的了解欲望吗？

7. 第七组自我测试

（1）你喜欢收听（收看）技术新消息或参观技术展览会吗？

（2）你喜欢阅读与科技相关的杂志吗？

（3）你想了解生机勃勃的大自然的秘密吗？

（4）你想了解使用科学精密仪器和电子仪器的工作吗？

（5）你喜欢复杂的绘图和设计工作吗？

8. 第八组自我测试

（1）你想设计一种新的服装或发型吗？

（2）你喜欢创作吗？

（3）你愿意尝试写小说和编剧吗？

（4）你很想参加学校演出小组或宣传队的演出吗？

（5）你解决问题时，喜欢用新的方法和途径吗？

9. 第九组自我测试

（1）你喜欢从事非常具体的工作吗？

（2）你很羡慕机械类工程师的工作吗？

（3）你想了解机器的构造和工作性能吗？

（4）你喜欢驾驶员一类的工作吗？

（5）你喜欢参观和研究新的机器设备吗？

10. 第十组自我测试

（1）你喜欢从事非常具体的工作吗？

（2）你喜欢做让别人看到效果的工作吗？

（3）你喜欢做很快就能看到产品的工作吗？

（4）你喜欢做那种时间短但可以做得很好的工作吗？

（5）你喜欢有形的（如编织、烧饭等）活动，而不喜欢抽象的活动吗？

根据对每组问题回答"是"的总次数，填写表5-2-2。

表5-2-2　兴趣类型表

组别	回答"是"的总次数	相应的兴趣类型序号
第一组		兴趣类型1
第二组		兴趣类型2
第三组		兴趣类型3
第四组		兴趣类型4
第五组		兴趣类型5
第六组		兴趣类型6
第七组		兴趣类型7
第八组		兴趣类型8
第九组		兴趣类型9
第十组		兴趣类型10

根据上面测试中你所做出的回答，获得相应的你的兴趣类型。回答的"是"越多，兴趣类型就与你的职业兴趣特点越符合；相反，回答"是"的次数越少，兴趣类型与你的职业兴趣特点就越不符合。这样就可以根据与兴趣类型相对应的职业，定位你的职业生涯。

（五）思考：如何选择适合的职业

斯科特在一家大公司做接待员。高中毕业之后，她没有其他的特殊的技能，只有一个开朗的性格和完成自身工作的能力。另外她也没有对自己的职业生涯进行规划。但是，她已经认识到自己所受的教育具有很强的局限性，她希望能有更多的机会来改善自己的生活和经济状况。于是晚上她便开始学习成人教育计划中的会计课程。

斯科特申请了许多工作岗位，即便是她不符合这些工作岗位的要求。经历过多次被拒之后，斯科特感到非常沮丧。公司的部门经理伊丽莎白发现了她低落的情绪，并请斯科特来办公室谈论她所遭遇的事情。斯科特抓住这次机会，将自己的希望和沮丧表现了出来。斯科特了解自己的教育情况，并在交谈过程中，对自己只有高中学历而感到歉意。这样的态度和心态有可能会使接见者很难选择她，因为即便其他人与斯科特的教育背景和技能一样，但他们有着积极向上的态度。经理建议斯科特可以用积极的方法来尝试改变现在的状况。例如，在介绍自己时，可以强调自己是一个自强的人，具有较强的协调能力，在不断地完善着自己，对待工作努力认真，并强烈渴望在工作中获得胜利。

按照经理的建议，斯科特申请了一个开发票的办事员的职位，并认为自己能够完成这项工作。在面试的过程中，斯科特表现得非常有自信、非常积极，同时强调自己的性格很受欢迎。这样积极乐观的态度使她成功获得了这份工作。虽然办事员的薪资没有比接待员高很多，但这个职位拥有晋升的机会，有可能提升到会计领域去工作，这也就能显示出斯科特所上的会计课程的重要性和价值。

二、能力与职业选择

（一）什么是能力与职业能力

能力是人们成功完成一件事的必要条件，也是人们顺利完成事情必须具备的心理特征。社会中的任何一个职业都要求任职者先具备相应的能力。能力具体表现为工作效率和成就水平上的差异。职业能力是个人选择职业和获得职业生涯成功的基础。

能力分为两种：一般能力和特殊能力。思维能力、记忆能力、观察能力、想象能力和语言能力等是常见的一般能力。特殊能力是指顺利完成某种特殊活动需要具备的能力，也可称为特长，它同职业活动紧密相连。特殊能力既能反映人们从事职业活动时的实际工作能力水平，如会计能力、管理能力，又能反映人们具有的某种职业能力倾向（即"能力性向"）。这种潜在的职业能力倾向对相关职业能力的形成与发展具有一定的促进作用，如动作协调能力、计算能力、口语表达能力、音乐能力、空间判断能力等。能力的性向测量对于职业选择有着重要的意义，我国现在选拔公务员时所采用的行政职业能力倾向测验就是一种行政能力性向测验。

（二）能力与职业的匹配

人的能力差异是客观存在的，这种差异在很大程度上制约着人们的职业选择范围，并影响人们的职业活动。在通常情况下，人的能力的个体差异表现在能力类型、发展水平和发展速度三个方面。能力的类型差异，主要指人具有的特殊能力的类型各不相同，如有的人语言能力较强、有的人计算能力较强、有的人艺术想象力丰富等等。能力的发展水平差异，主要表现在人们能力的发展水平有着高低强弱的区别。能力的发展速度差异，主要指具有同一能力和达到同一发展水平的人在发展速度上时间的早晚差异，如有的人少年得志，有的人大器晚成。

个人如果在职业选择的活动中不能较为准确地评价和认识自己的能力，就会导致择业的失误，而无法在职业活动中表现出自己的能力。因此，在进行职业选择时要尽量注意能力与职业的匹配，并坚持以下五个原则。

1. 能力的类型与职业类型相吻合

不同类型的职业，对人的能力有着不同的要求。在择业中要注意能力类型与职业类型的匹配。如具有较强形象思维和语言表现能力的人选择从事文学艺术方面的工作，具有较强抽象思维能力和计算能力的人选择哲学、数学等理论性工作，这样容易获得职业的成功。

2. 能力的发展水平与职业层次相吻合

在相同的职业类型中，工作的具体内容和所承担的责任是有差异的，这就可将职业分为不同的层次。不同的职业层次对从业者能力水平的要求是不同的。例如，在教师这一职业类型中，有小学教师、中学教师和大学教师之分，三个层次对教师的能力要求不同；在医生这一职业类型中，有内科医生和外科医生之分，两类医生的能力要求也是不一样的。因此，在择业时，在考虑能力类型与职业类型的匹配后，就应该根据自己已达到或可能达到的能力水平去选择与之相匹配的职务层次。如自己的书面语言表达能力还难以完成文学创作任务，不妨先选择去新闻单位当一名普通记者，这样的职业匹配更有利于职业生涯的发展。

3. 一般能力与职业相吻合

职业心理学家在研究中发现，某些职业对从业者的一般能力特别是智力有着绝对的要求，如律师、工程师、科学家、教授、作家等职业都要求有相当高的智商。因此，在准备将这些职业作为个体终生发展和追求的职业生涯目标时，一定要充分考虑自己的智商状况。智商低于平均值（IQ = 100）者，就要考虑选择从事较为简单的、对智力要求不太高的职业。当然，智力并不是职业选择匹配的唯一因素，人的某些潜在的因素、特殊的能力和非智力个性特征似乎在人的职业发展中更为重要；特别是当个体能力增长速度暂时放缓，某些潜在的因素就能够成为正确认识和判断自我、判断职业是否匹配的参考依据。

4. 人的特长与职业相吻合

作为职业能力范畴的特长（可称特殊能力），也是实现能力与职业匹配需要考虑的重要内容。由于社会职业种类的丰富性，很多职业除了要求从业人员具有一般能力外，还要具有从事该项工作所要求的特殊能力，如歌唱家需要有一个好的嗓子和良好的声乐表现才能，舞蹈家需要有好的形体和良好的动作造型能力等。有兴趣从事某职业的人们，在进行职业抉择前，一定要考虑清楚自己是否具有从事这一职业所需要的能力及天赋（条件）。

5. 扬长避短，充分发挥自己的优势能力

人的能力的差异性的另一个特点是个体身上的各种能力发展的不平衡性，即有些能力一般、有些能力突出。我们将个体发展得较好的能力称之为优势能力。

事实上，一个人不可能在各方面都表现出很强的能力。因此在进行职业选择时要扬长避短，深入且充分的了解自己的优势所在，并选择与自己优势相匹配的职业，这样才能在工作中游刃有余。另外，在选择职业时还要善于发现自己存在的潜能。当然，人的很多能力是在学习和工作中逐步发展和成熟起来的，当你还不能清楚地洞察自己的能力优势时，也不必失去信心，因为人的某些职业潜能只有在特定的职业活动中才能得以发展和逐步强化，并最终成为自己的优势能力。某些表面上并不显著的能力倒很可能是人潜在的优势能力。按心理学家提供的识别方法，人只要显现以下一种或几种能力，则可能成为一个了不起的成功人物。

（1）对数字敏感、有逻辑推理才能、能解答艰深复杂的数学问题的人，有可能成为有成就的科学家。

（2）有较强的语言表达能力的人，有可能成为演讲家或作家。

（3）对空间或色彩特别敏感的人，有可能成为出色的建筑师或画家。

（4）对别人的性格具有较强的洞察能力的人，有可能成为团队领袖或外交家。

（5）自我感觉良好并能淋漓尽致地表达自我的人，有可能成为一名杰出的表演艺术家。

（6）对声音敏感、具有较强的音高概念、擅长用声音来表达情感的人，有可能成为一名优秀的音乐家。

（7）懂得控制肌肉和身体活动的人，有可能成为一名优秀的体操运动员或舞蹈艺术家。

三、职业能力倾向的自我测试

俗话说"没有金刚钻，别揽瓷器活"，职业能力是择业的首要主观条件。大学生在择业之前，首先要对自己的能力倾向有一个比较清楚和准确的估计。职业能力测评就是测验人们的技能表现和特长。很多职位对从业者在某方面是否具有特殊能力会有一些要求，能力测评便为这样的人才选拔提供了科学的依据。表5-2-3的GATB测验是目前在职业能力测评中运用比较广泛的量表，对企事业单位的人员选拔和配置工作尤其有较好的指导作用。

GATB包括8个书面测验和4个仪器测验，一共可测量9个因素，分别为：一般学习能力倾向（G）、言语能力倾向（V）、数学能力倾向（N）、空间能力倾向（S）、形状知觉能力倾向（P）、书写知觉能力倾向（Q）、运动协调能力倾向（K）、手指灵巧度能力倾向（F）、手腕灵巧度能力倾向（M），整套测验共需要2.5个小时。9个因素能够形成各种组合形式，不同因素的组合代表着不同的职业能力倾向，如适合从事制图、设计及电器行业的人往往表现为突出的数字能力、空间能力和手的敏捷性。

表5-2-3　GATB测验量表

1. 一般学习能力倾向（G）	强 1	较强 2	一般 3	较弱 4	弱 5
（1）快而容易地学习新内容					
（2）快而正确地解数学题					
（3）学习成绩					
（4）对课文的字、词、段落篇章的理解、分析和综合					
（5）对学习过的知识的记忆					

续表

2. 言语能力倾向（V）	强 1	较强 2	一般 3	较弱 4	弱 5
（1）善于表达自己的观点					
（2）阅读速度和理解能力					
（3）掌握词汇量的程度					
（4）语文成绩					
（5）文学创作能力					
3. 数学能力倾向（N）	强 1	较强 2	一般 3	较弱 4	弱 5
（1）做出精确的测量					
（2）笔算能力					
（3）口算能力					
（4）珠算					
（5）数学成绩					
4. 空间能力倾向（S）	强 1	较强 2	一般 3	较弱 4	弱 5
（1）解立体几何方面的习题					
（2）画二维度的立体圆形					
（3）看几何图形的立体感					
（4）想象盒子展开后的平面图					
（5）想象三维度的物体					
5. 形状知觉能力倾向（P）	强 1	较强 2	一般 3	较弱 4	弱 5
（1）发现相同图形中的细微差别					
（2）识别物体的形状差异					
（3）注意物体的细节部分					
（4）观察物体的图案是否正确					
（5）对物体的细微描述					
6. 书写知觉能力倾向（Q）	强 1	较强 2	一般 3	较弱 4	弱 5
（1）快而准地抄写资料（如姓名、日期、电话号码等）					

（2）发现错别字					
（3）发现计算错误					
（4）能很快查找编码卡片					
（5）自我控制能力（如较长时间抄写资料）					
7. 运动协调能力倾向（K）	强 1	较强 2	一般 3	较弱 4	弱 5
（1）玩电子游戏					
（2）打篮球、排球、足球等					
（3）打乒乓球、羽毛球运动					
（4）打算盘					
（5）打字					
8. 手指灵巧度能力倾向（F）	强 1	较强 2	一般 3	较弱 4	弱 5
（1）灵巧地使用很小的工具					
（2）穿针眼、编织等使用手指的活动					
（3）用手制作小工艺品					
（4）使用计算器的灵巧程度					
（5）弹琴					
9. 手腕灵巧度能力倾向（M）	强 1	较强 2	一般 3	较弱 4	弱 5
（1）用手把东西分类					
（2）在推拉东西时手的灵活度					
（3）很快地削水果					
（4）灵活地使用手工工具					
（5）在绘画、雕刻等手工活动中的灵活性					

测验结束后，通过下面三个步骤来统计得分情况。

（1）计算每一类能力倾向的总分数。每一道题的结果都分为"强""较强""一般""较弱""弱"5个等级，人们根据自己的实际情况进行自评。每一组的5道题目作答完毕后，统计出每个等级选择的次数，然后利用下面这个公式，即（第一项之和×1）+（第二项之和×2）+（第三项之和×3）+（第四项之和×4）+（第五项之和×5），计算出每一类能力倾向的总计次数。（其中，"强"为第一项，以此类推，"弱"定为第五项；第一项之和就是指选"强"的次数之和）

（2）计算每一类能力倾向的自评等级。自评等级计算方法为：总计次数/5。

（3）将自评等级填在表5-2-4中。

表 5-2-4　GATB测验自评等级表

职业能力倾向	自评等级	职业能力倾向	自评等级
G		Q	
V		K	
N		F	
S		M	
P			

根据结果对照表5-2-5，可找到适合自己能力特点的职业。

表 5-2-5　部分职业与其所需职业能力的标准

职业类型	职业能力倾向								
	G	V	N	S	P	Q	K	F	M
生物学家	1	1	1	2	2	3	3	2	3
建筑师	1	1	1	1	2	3	3	3	3
测量员	2	2	2	2	2	3	3	3	3
测量辅导员	4	4	4	4	4	4	3	4	3
制图员	2	3	2	2	2	3	2	2	3
建筑和工程技术员	2	2	2	2	2	3	3	3	3
建筑和工程技术专家	2	3	3	3	3	3	3	3	3

续表

	职业能力倾向								
物理科学技术家	2	2	2	2	3	3	3	3	3
物理科学技术员	2	3	3	3	3	3	3	3	3
农业、生物、动物、植物学的技术专家	2	2	2	2	3	3	3	3	3
农业、生物、动物、植物学的技术员	2	3	3	3	2	3	3	3	3
数学家和统计学家	1	1	1	3	3	2	4	4	4
系统分析和计算机程序编制者	1	1	1	4	4	2	4	4	4
经济学家	1	1	2	2	3	3	4	4	4
社会学家、人类学家	1	1	3	4	4	3	4	4	4
心理学家	1	1	4	3	3	3	4	4	4
历史学家	1	1	3	2	2	3	4	4	4
哲学家	1	1	3	4	4	3	4	4	4
政治学家	1	1	3	4	4	3	4	4	4
政治经济学家	2	2	2	3	3	3	3	3	5
社会工作者	2	2	3	4	4	3	4	4	4
社会服务助理人员	3	3	3	4	4	3	4	4	4
法官	1	1	3	4	3	3	4	4	4
律师	1	1	3	4	3	4	4	4	4
公证人	2	2	3	4	4	3	4	4	4
图书管理学专家	2	2	3	3	4	2	3	4	4
图书馆、博物馆、档案馆管理员	3	3	3	2	2	4	3	2	3
职业指导者	2	2	3	4	4	3	4	4	4
大学教师	2	2	3	3	2	3	4	4	4
中学教师	2	2	3	4	3	3	4	4	4

续表

	职业能力倾向								
小学和幼儿园教师	2	2	2	3	3	3	3	3	3
职业学校教师（职业课）	2	1	3	3	3	3	3	3	3
职业学校教师（普通课）	2	2	2	4	3	3	4	4	4
内科、外科、牙科医生	2	4	2	1	2	3	2	2	2
兽医学家	2	1	2	1	2	3	2	2	2
护士	2	2	3	3	3	3	3	3	3
护士助手	2	2	4	4	4	2	2	3	2
工业药剂师	2	2	2	3	2	2	3	2	3
医院药剂师	2	2	2	4	2	2	3	2	3
营养学家	2	2	2	3	3	3	4	4	4
配镜师（医）	2	2	2	2	2	3	3	3	3
配眼镜商	3	3	3	3	3	4	3	2	3
放射科技术人员	3	3	3	3	3	3	3	3	3
药物实验室技术专家	2	2	2	3	2	3	3	2	3
药物实验室技术员	2	3	3	3	3	3	3	3	3
画家、雕刻家	2	2	4	2	2	5	2	1	2
产品设计和内部装饰者	2	2	3	2	2	4	2	2	3
舞蹈家	2	2	4	3	4	4	4	4	4
演员	2	2	3	4	4	3	4	4	4
电台播音员	2	1	3	2	2	4	2	2	4
作家和编辑	2	1	3	3	3	3	4	4	4
翻译人员	2	2	4	4	4	3	4	4	4
体育教练	2	3	2	4	4	3	4	4	4
运动员	3	2	4	2	3	4	2	2	2

需要说明的是，职业能力是可以培养的。在相同的条件下，个人主观努力的程度决定着人们能力的发展，"勤能补拙"反映的就是这一道理。

第三节　大学生的价值取向与职业选择

一、价值观的定义

价值观是一种独特而持久的信念，它构成了对客观事物的意义、作用、影响和重要性及其行为结果、什么是好的、应该做什么以及影响个人决策和行为的标准和规范的总体评估。一个人的态度和行为有明确的意图，自我意识和坚定的职业选择是他的职业价值观。

理想、信仰和世界观对职业的影响集中在职业价值观上。

二、价值观的重要作用

俗话说："每个人都有自己的抱负。"这种抱负是职业选择中的职业价值观。职业价值观在职业目标和动机选择中起着决定性的作用。

心理学家发现，由于家庭环境、教育、兴趣和爱好的影响，不同个体的价值观不同，因此对职业的评价和取向也会不同。例如，一些人喜欢使用智力的职业，一些人喜欢安全和稳定的职业，其他人喜欢挑战性的职业。不同的人喜欢不同的职业，这是职业价值观的体现。价值观的讨论有助于人们在选择职业时有一个清晰的方向。价值观决定什么对你最重要，什么对你不重要；这对你来说是有意义和有价值的，对你来说是无聊的。如果你的价值观与你的工作一致，你会感到非常快乐，非常有成就感；如果你不匹配，你会感到无助和痛苦。这些感觉通常不能被金钱和声望所取代。虽然有些人可能很少参与与他们价值观不匹配的工作，但他们失去了情感、精神甚至身体。职业价值观决定了战斗的方向。

由于价值观的不同，每个人对自己职业的价值、意义和重要性都有不同的看法，获得的职业乐趣也不同。只有认识到你选择的职业是有价值的，你才会热爱你的职业，并因此创造一个好的业绩；否则，事业就是艰苦的工作。了解你的价值趋势对于做出正确的职业选择非常重要。

三、思考：马克思在中学论文中体现的价值取向与职业选择

众所周知，马克思是世界无产阶级革命的伟大导师。他批判地继承和发展了人类先进思想的成果，创建了科学共产主义学说，为全世界无产阶级和劳苦大众点燃了一盏走向理想社会的明灯。少年时代的马克思已经显示出超人的才华，他的父亲希望他将来能成为一个德高望重的大法官、大法学家或一名富有理想和博爱精神的律师。这些职业在当时社会极为受人尊重，又具有中产阶级的地位。然而少年时代的马克思有自己独特的想法。1835年，他在题为《青年选择职业的考虑》的中学毕业论文中，表达了他决心致力于为全人类谋幸福的特殊职业的价值观："历史上，我们将那些致力于服务人类、思想高尚的人称之为最伟大的人物；将使人类幸福的人称之为最幸福的人。如果我们选择的职业是最能为人类服务的，那么我们就不会被压力所打败，因为这是在为全人类做出的牺牲；我们所得到的欢乐不是自私的、有限的。虽然我们的职业不是显赫的，但却永远发挥着作用，我们的幸福也是属于亿万人民的。当我们不在人世时，高尚的人们将会在我们的骨灰上挥洒泪水。"

后来马克思用他的一生践履了他这一崇高的人生价值观——毕生致力于为全人类谋幸福的特殊职业，创造了最大的自我价值和社会价值。

树立正确、远大的职业价值观，是我们每一位大学生在进行职业选择之前需要做好的重要功课。

第四节　大学生的职业认知与职业决策

要提高大学生的职业素养，前提是要明确职业方向。只有满足你的现实和社会需求，有利于人格发展的专业方向，才能引导大学生专业素养的发展。让大学生在职业发展中"做正确的事情"，是职业素质培养的方向问题。具体科学合理的行动计划是在你的职业生涯指导下确保"做正确的事情"。虽然大学生在职业发展过程中有机会重新关注职业方向，但这毕竟是一种无奈的行为，客观上可能会延长职业测试过程，导致大学毕业生换工作过于频繁，很快进入职业稳定期，同时也浪费了大学生进行的职业素质培训。由此可见，选择正确的职业方向和合理的职业决策有助于大学生职业素养和生涯的发展。

然而，进行正确合理的职业决策，不仅需要自我评估，更重要的是要

充分了解自身的兴趣、能力、优势、局限性和学术成就等特征，还要开展与自身条件相符合的每一个职业所必备的知识和研究，并对职业环境进行评估和分析，进而对职业的要求、地位和发展趋势有一个详细的了解；在这样的基础之上，个人因素得到了平衡，并能够与职业因素相对应，进而及时合理地调整自身的就业期望，适应职业的发展，最终形成正确合理的职业决策，并做出自己的职业选择。因此，不仅要充分考虑大学生的主观条件和特点，还要考虑就业和专业发展的客观环境条件，让大学生找到一个相对现实合理的理想职业。由此可见，自我意识和职业认知是职业决策的两个重要基础。

一、职业认知的定义

"女怕嫁错郎，男怕入错行。"这是大家耳熟能详的俗语，由此也可以看出，婚姻的选择和职业的选择是人生中非常重要的决定，对一个人的人生发展影响非常大。婚姻的选择需要我们认真了解结婚的对象，职业的选择也是如此，我们必须要对职业有一个充分的认识。但由于大学生大都是从学校到学校，没有进行过社会实践活动，缺乏对社会环境、职业发展、职业要求的了解，尤其缺乏相应的工作锻炼，因而相对于自我认知而言，大学生的职业认知水平更低。

在现实生活中，大多数学生都没有对有关职业信息进行系统性的了解和分析，只是根据一些片面的、肤浅的了解，凭感觉选择职业。例如，大家可能只看到演员们在台上的风光，而不了解其舞台下付出的努力，以及成名前挤"独木桥"时的艰辛。而且，解决职业认知中的问题要遇到的障碍也更多、更大，因为它并不仅仅取决于学校和学生本人的努力，还会受到种种外部因素的制约。

简单地说，职业认知是指对自己对可能选择的相关职业及其影响因素的认识与了解。大学生可以通过各种直接与间接的渠道，对有关职业情况进行了解、分析和评价，从而获得对职业的系统性认知。"职业认知"既可以是一个名词，也可以作为一个动词，因为获得这一认识的过程也称为职业认知。

职业认知需掌握的信息很多，包括：职业的性质、特点、分类、任务、工作环境、收入状况、发展前景、职业声望、社会人才供求和相关组织状况，职业的素质要求、最低资格要求（诸如学历要求、所需的专业训练、身体要求、年龄、各种能力及其他心理特点的要求）或职业的胜任特征模型，影响职业发展成功与失败的因素；有时还要了解为准备就业需要接受哪些教育与培训，提供这种训练的教育机构、学习年限、入学资格、费用以及怎样对自己的胜任情况进行评估等。

职业认知要求我们在"知己"的基础上"知彼"，这对大学生认识到自己需要在哪方面提升职业素养以及自己能否胜任某种职业，明确自己与职业素质要求之间的差距起到一定的作用；另一方面，有利于大学生把握职业发展的机会，防止大学生陷入生活和事业发展的困境。

大学生在进行职业认知时，不要将自己职业选择的范围局限得太过狭窄，应当拓宽自己的眼界，应对各种在进行初步职业认知时感到合适的职业类别都进一步加深了解，从而拓展自己职业选择的可能性，以便做出正确的选择。

二、大学生了解职业信息的途径

在大学生在职业探索的过程中，应充分认识其对个人未来职业发展的意义。进行职业探索时，应主动、充分地认识和了解自我，积极开展校内外职业实践活动，多收集和分析评估职业信息、适当尝试职业测验。要深刻了解相关职业信息有一定困难，并借助各种渠道和手段来获取与择业相关的信息。其主要途径有以下几种。

（1）新闻传播媒体。电视、电台、报纸、杂志是大学生得到择业信息的有效途径，其涉及范围广、传播速度快、信息全面且及时。新闻媒体也由此成为当代大学生获得择业信息的重要来源。报纸、杂志、广播电台开办的人才专栏有时会发布关于社会职业情况（如职业薪酬、声望、需求、流动性等）的调查报告或较为全面深入的分析文章，尤其是一些招聘广告能够反映不少职位需求的信息。

（2）校内就业主管部门。当今社会，就业形势极为严峻，每个高校都设有专门的就业服务和管理部门，如就业工作处或办公室、职业生涯辅导中心等。学校就业机构发布的信息的可信度、权威性与准确性非常高，同时发布信息及时，职位与学生所学专业具有很强的对应性，因而成功率也是比较高的。尤其是院系一级的学生就业指导机构，熟悉与专业相关的各种职业的一般情况，更重要的是与不少已毕业的校友有直接的联系，与一些相关企事业单位的成功人士也会有一些联系，可以通过这些人士了解职业发展情况。

（3）计算机网络。利用互联网来获取就业信息是如今最为便利、高效的方式。随着时代的发展，信息化运作和人才市场化进行逐渐加快，各种信息在网络上的普及性大大提高，在互联网进行求职与招聘已经成为当代的一种流行趋势。同时，全国所有省、市和高校都建立了就业信息网站，学生们可以通过网站来获取职业信息。

（4）家人、朋友和其他社会关系。一个人所接触的信息范围是有限的，扩大自己的社交范围也是广泛获取职业信息的有效途径之一。家人、朋友和其他社会关系是与我们联系最为紧密的社交范围。这些人位于社会的各个战线和领域，他们所获取的社会需求信息具有更强的针对性，信息量、效率和可信度得到了更大的提升。有的大学生还要依靠亲朋好友来推荐工作，亲友对有关职业信息的介绍就会更有针对性与实用性。大学生应当积极主动地去了解这些信息，尤其是有关职业素质要求方面的内容。

（5）社会实习、实践活动。俗话说"纸上得来终觉浅"，亲身体验是了解有关职业情况的最佳途径。但这种途径却不是那么容易获得的，因为实习机会的取得往往也是一种双向选择的过程，多数企业不愿意也无义务承担对大学生的培养工作，它们一般会问"你能做什么"。没有工作经验的大学生自然就很难得到满意的工作岗位。进入与自己职业意向相关的企业从事哪怕是基层工作，认真观察、体会职业情况，这样的机会也是很宝贵的。

所以，大学生在寒暑假的社会实践、毕业实习中应当尽可能地选择符合自己职业方向的工作。这在生产、管理或社会服务中能够直接运用自己所学的知识，还能够直接了解到用人单位的招聘情况和对职业素养的要求。不少高校在大二、大三的教学计划中安排认知实习、生产实习活动，所涉及的单位一般都是专业对口单位，可以从中获取一些较为系统的职业信息。大学生要充分利用这些机会，在实习和职业实践中发现自己的差距，且有意识地利用学校的学习条件加以弥补，提高自己的职业素养。

另外，像毕业实习这类活动也给了用人单位考察、了解毕业生的机会。如果单位有意进入而你又积极主动，就容易实现双向选择。实际上，每年毕业生通过这种渠道就业的也有很多。

（6）职业介绍机构、毕业生就业市场。一般情况下，毕业生就业市场的信息是准确的，同时还具有专业对口性强、信息量大的特点；求职人员还能够在就业市场上直接与用人单位商谈，进而获得彼此之间的了解。

参考文献

[1]安蓉，王梅.教师职业发展的特点与职业生涯规划的原则[J].职业教育研究，2007（4）：68-69.

[2]张煜.情绪控制与心理健康[J].北京宣武红旗业余大学学报，2007（4）：28-30.

[3]牛凯，杨盛军.生态伦理何以可能：一种责任视角[J].安徽理工大学学报（社会科学版），2008（10）：53-57.

[4]程社明.你的职业：职业生涯开发与管理[M].北京：改革出版社，1999.

[5]蒋建荣，詹启生.大学生职业生涯规划导论[M].天津：南开大学出版社，2005.

[6]杨福家.大学的使命与文化内涵[J].现代教育论丛，2008（2）：90-96.

[7]程社明.人生发展与职业生涯规划[M].北京：团结出版社，2003.

[8]张育民.市场经济条件下职业诚信的失范与重塑[J].特区经济，2010（7）：144-146.

[9]朱晨静.当代大学生社会责任感现状分析[J].河北科技师范学院学报（社会科学版），2010（3）：92-96.

[10]李进宏.大学生职业生涯规划[M].武汉：武汉理工大学出版社.2005.

[11]李雄诒，张闪闪.挑战传统的分工理论[J].企业管理，2012（3）：8-10.

[12]蔡莉.有效管理企业员工关系[J].现代商业，2008（12）：64.

[13]苏文平，吴漪.用人单位对大学毕业生职业素质要求的调查[J].中国大学生就业，2007（23）：28-30.

[14]杨福家.当代大学的使命与大学生的责任[J].世界科学，2006（6）：31-36.

[15]黄炳辉.学生职业生涯设计与思想政治教育的内在关系[J].教育评论，2005（2）：33-36.

[16]刘期彪.当代大学生责任的伦理概说[J].当代教育理论与实践，2009（4）：32-33.

[17]林泽炎，李春苗.员工生涯设计与管理[M].广州：广东经济出版社，2003.

[18]陈淑妮.和谐管理中的员工关系研究[J].深圳大学学报（人文社会科学版），2008（2）：97-101.

[19]洪凤仪.一生的职业规划[M].广州：南方日报出版社，2002.

[20]余翔.论和谐社会中的公民社会责任[J].广西民族大学学报，2007（4）：85-88.

[21]黄天中.生涯规划：理论与实践[M].北京：高等教育出版社，2007.

[22]陈维政.人力资源管理[M].北京：高等教育出版社，2004.

[23]徐纪良.现代人力资源论[M].上海：上海人民出版社，1996.

[24]冯燕.个人品牌：职场成功的关键词[J].中国大学生就业，2008（5）：23-24.

[25]汪丽丽，孟庆鹏.论基于角色理论的志愿者个体功效的基本内涵[J].学理论，2011（3）：53-54.

[26]韩永昌.心理学[M].上海：华东师范大学出版社，2005.

[27]董文强.大学生职业生涯规划[M].西安：西北工业大学出版社，2007.

[28]张煜.情绪控制与心理健康[J].北京宣武红旗业余大学学报，2007（4）：28-30.

[29]黄坚，李君遐.职业素养影响大学生就业[J].职业，2003（12）：50.

[30]黄昌建.大学生职业生涯规划研究[D].重庆：西南大学，2006.

[31]刘延兵.员工诚实守信教育读本[M].北京：中国言实出版社，2011.

[32]余翔.论和谐社会中的公民社会责任[J].广西民族大学学报，2007（4）：85-88.